KATHARINA GROSSE

SHADOWBOX

TEMPORÄRE KUNSTHALLE BERLIN

Verlag der Buchhandlung Walther König

INHALT
CONTENTS

VORWORT
PREFACE

Thomas Eller

In einer Welt relativer Freiheit und gelockerter Rahmenbedingungen erhöht sich der Individuationsdruck auf den Einzelnen. Sich seiner selbst und damit der eigenen Perspektive auf die Dinge zu vergewissern, gehört zum Alltagsgeschäft – dabei immer auf Neues zu reagieren und sich zu verorten, ist jedoch energieaufwendig. Deswegen stellen unsere Kulturindustrien gerne Abkürzungen zur Verfügung. So werden im eigentlichen Sinne keine Produkte mehr verkauft, sondern Identitäten. Das Auto, der Turnschuh, die Musik – aus diesen Dingen setzt sich unser Lebensstil zusammen, über diese Dinge definieren wir unsere Zugehörigkeit zu gesellschaftlichen Gruppen.

In der ersten Ausstellung der Temporären Kunsthalle Berlin hat Candice Breitz mit dem Credo „I am what I consume" auf die fortschreitende Auffächerung unserer Gesellschaft in Subkulturen aufmerksam gemacht. Vorgeführt hat sie diese gesellschaftliche Kritik anhand von Videoarbeiten, die sich mit Fankultur und den Konstruktionen von Männlichkeit im Hollywoodkino beschäftigen. Wie sehr wir von gesellschaftlichen Strukturen und ökologischen Kreisläufen bestimmt werden, die meist unter der Wahrnehmungsschwelle liegen, hat Simon Starling in der zweiten Ausstellung gezeigt. Ein Kaktus mit „migratorischem" Hintergrund und ein alter Volvomotor, der die notwendigen Überlebensbedingungen für denselben schafft, reflektieren ökologische Kreisläufe und machen zugleich das Klandestine dieser Zusammenhänge erfahrbar. Starlings Geschichten, denn solche sind seine Installationen, handeln davon, dass man als Mensch permanent in Kontexte verwickelt ist, die einem oft genug unbekannt sind und verborgen bleiben.

Katharina Grosses Ausstellung *shadowbox* transponiert diese Erfahrungen in eine formale visuelle Struktur. Die Abstraktion der Malerei interpretiert der Katalogautor Alexander Koch nicht als gegenstandslose Formalie, sondern als Ausdruck einer Lebensweise, die sich permanent mit vorläufigen Arbeitshypothesen behelfen muss, weil es keine letztgültigen Antworten gibt. Dass wir uns permanent den sich verändernden Bedingungen anpassen müssen, ist bei Grosse visueller Ausdruck unserer unmittelbaren Lebenserfahrung geworden. Der Werkkomplex aus vier überdimensionalen farbigen Ellipsen, den sie für die Temporäre Kunsthalle entwickelt hat, verschiebt das Verhältnis vom Betrachter zum Bildwerk. Die gewohnten Bildgrenzen und Hierarchien überschreitend, konfrontiert uns die Künstlerin mit visuellen Ereignissen, die geprägt sind von einem anarchischen Impuls, der in letzter Konsequenz die Frage nach Handlungsspielräumen jedes Einzelnen nach sich zieht.

So sprechen diese ersten drei Ausstellungen in der Temporären Kunsthalle in gewisser Weise von den Schwierigkeiten bei der alltäglichen Konstruktionsarbeit des Selbst. Sie tun das auf sehr unterschiedliche Weise – als mediale Analyse bei Candice Breitz oder als installative Erzählung bei Simon Starling. Katharina Grosse argumentiert visuell und nimmt dabei eine methodische Akzentverschiebung vor. Geschichten, wie sie Breitz oder Starling erzählt haben, richten sich an eine Allgemeinheit und sprechen von deren Aufsplitterung oder Vernetzung. Das visuelle Ereignis aber findet bei Grosse direkt zwischen dem Kunstwerk und dem konkreten Betrachter statt. Auf diese Weise macht sie den Betrachter zum wichtigen Gegenüber und stärkt so die Position des Einzelnen. Damit ist viel erreicht.

Wir danken Katja Blomberg, der Kuratorin der Ausstellung, für dieses ambitionierte Projekt. Ebenso danken wir Alexander Koch, dessen Textkonzept diesem Katalog die Form gibt, sowie den Autoren für die spannenden Beiträge. Für die finanzielle Unterstützung danken wir unseren Sponsoren und Förderern, insbesondere der Stiftung Zukunft Berlin und der Art Mentor Foundation Lucerne. Des Weiteren freuen wir uns über die fruchtbare Kooperation mit dem ARKEN Museum of Modern Art und der Quadriennale 2010, Düsseldorf, die das Projekt von Anfang an begleitet und unterstützt haben und es in Teilen 2009 in Kopenhagen und 2010 im Rahmen der Ruhr-Quadriennale zeigen werden.

Nicht zuletzt bedanken wir uns herzlich bei Katharina Grosse für das große Engagement und die hervorragende Ausstellung.

In a world of relative freedom and slackened constraints, the pressure on the individual to individuate increases. Validation of oneself and one's own perspective on things is a part of daily life—but having to perpetually react to novelty and reposition oneself entails a high energy outlay. Hence our culture industries willingly provide shortcuts. Consequently, it is no longer products in the strict sense that are sold but identities. Car, sneakers, music—our lifestyle is made up of such things, and through them our belonging to social groups is defined.

In the first exhibition at the Temporäre Kunsthalle Berlin, Candice Breitz drew attention to our society's progressive diversification into subcultures with her motto "I am what I consume." She presented this social critique by means of video works that addressed fan culture and constructions of masculinity in Hollywood cinema. In the second exhibition, Simon Starling showed just how dependent we are on social structures and ecological cycles that mostly lie beneath the threshold of perception. A cactus with a "migratory" background and an old Volvo engine that creates the necessary conditions for the cactus's survival reflect ecological cycles and, at the same time, make their hidden interconnections experienceable. Starling's stories, for that is what his installations are, relate how human beings are permanently involved in contexts that, often enough, are unknown and remain concealed.

Katharina Grosse's exhibition shadowbox *transposes these experiences into a formal visual structure. Catalog author Alexander Koch interprets the abstraction of her painting not as an objectless formalism but as the expression of a mode of life that must always make do with provisional working hypotheses, because there are no definitive answers. Our having to permanently adapt ourselves to changing conditions has become, in Grosse's works, the visual expression of our immediate experience of life. The complex of works she developed for the Temporäre Kunsthalle, consisting of four colossal colored ellipses, modifies the relation between viewer and visual work. The artist goes beyond the usual hierarchies and limits of the picture to confront us with visual events shaped by an anarchic impulse that, ultimately, opens up the question as to every individual's freedom to maneuver.*

So these first three exhibitions at the Temporäre Kunsthalle speak, in a certain sense, of the difficulties in the daily work of constructing the self. They do this in very different ways—as media analysis in the case of Candice Breitz or as installational narrative in that of Simon Starling. Katharina Grosse argues visually and, in doing so, carries out a methodical shift of emphasis. Stories such as those told by Breitz or Starling address a general public and speak of its fragmentation or interconnectedness. But, in Grosse's case, the visual event takes place directly between the artwork and the specific viewer. In this manner, she makes the viewer an important vis-à-vis—thus strengthening the position of the individual. That is no mean achievement.

We would like to thank Katja Blomberg, curator of the exhibition, for this ambitious project. Thanks also go to Alexander Koch, whose text concept gives this catalog its shape, and to the authors for their stimulating contributions. We wish to thank our sponsors and patrons for their financial support, especially the Stiftung Zukunft Berlin and the Art Mentor Foundation Lucerne. Furthermore, we take great pleasure in the fruitful collaboration with the ARKEN Museum of Modern Art and the Quadriennale 2010, Düsseldorf, which have followed and supported this show from the start and will be exhibiting parts of it in Copenhagen in 2009 and at the Ruhr Quadriennale in 2010.

Last but not least, we wish to sincerely thank Katharina Grosse for her great commitment and for an outstanding exhibition.

SHADOWBOX
SHADOWBOX

Katja Blomberg

Mit ihrer installativen Malerei verwandelt Katharina Grosse den Ausstellungsraum der Temporären Kunsthalle Berlin in einen Ort, an dem definierte Dimensionen auf unbestimmte Farbräume stoßen. Die Künstlerin lehnt vier Farbträger von je circa elf mal acht Metern an die Wände der Halle. Aus den konvex gebogenen Scheiben sind an den Rändern und in ihren Binnenzonen unterschiedliche organische Formen ausgeschnitten. Schablonenhaft erzeugen die Bildträger zu den Wänden hin durchschaubare und begehbare Zwischenräume, so dass auf der Vorder- wie auf der Rückseite Arbeitsprozesse und Konstruktion nachvollziehbar bleiben.

Kaum einer Malerin oder einem Maler in Deutschland gelingt es, mit überdimensionierten Raumsituationen so souverän umzugehen wie Katharina Grosse. Ihre ephemere Farbmalerei in Spraytechnik hat in den vergangenen zehn Jahren den Malereibegriff an zahlreichen Orten weltweit grundlegend umdefiniert. In Museen, Treppenhäusern, Trainingsräumen, Kindergärten, Schlössern und Privathäusern ebenso wie auf Plakatflächen und Außenwänden eröffnen ihre Arbeiten immer wieder verblüffend neue Perspektiven und bieten Metaphern für innovative Denkansätze.

In der Temporären Kunsthalle fand Grosse für ihr jüngstes und bisher größtes Projekt besondere technische und räumliche Herausforderungen vor. Vor deren Hintergrund hat sie speziell für diesen Ort eine neue Arbeit entwickelt, die nicht direkt mit den Wandflächen in Kontakt tritt, sondern für eine räumliche Verschiebung und Kompression sorgt. *shadowbox* ist ein autonomes Werk auf stabilen, von einer Berliner Spezialfirma gefertigten laminierten Hartschaumplatten, die Grosse in der ihr eigenen Weise malerisch bearbeitet hat.

Die vier elliptischen Formkörper von *shadowbox* erzeugen physische wie illusionistische Sphären, die den Dialog mit dem Raum unmittelbar aufnehmen. Mittels der schichtweise aufgebrachten Farben schafft Grosse auf der Bildoberfläche optische Tiefenräume, die sich im Verhältnis zu den in den Raum gewölbten Scheiben teilweise gegenläufig entwickeln. Virtuelle Ebenen entstehen, auf denen sich die Farben in unterschiedlichen Richtungen und Geschwindigkeiten ausbreiten. Durch die gewölbte Form ist die Arbeit von keinem Punkt der Ausstellungshalle mit einem Blick zu erfassen. Sie rechnet vielmehr mit einem Betrachter, der bewusst unterschiedliche Blickpositionen aufsucht.

Der Ausstellungstitel *shadowbox* verweist auf die spezifische Raumsituation in der Temporären Kunsthalle, aber auch auf inhaltliche Dimensionen der Arbeit. Der Begriff bezeichnet im Englischen jene lichtgeschützten Schachteln oder Dioramen, in denen Gegenstände ausgestellt oder aus einer bestimmten Perspektive beleuchtet werden. Das tageslichtarme Gehäuse der „shadowbox" verweist aber auch auf einen Ort, an dem sich Unbestimmtes zuträgt: Hier kann mit einem unsichtbaren Gegenüber (Schatten) geboxt oder einer Vorstellung wie einem Schatten nachgejagt werden. Ebenso werfen bedrohliche Ereignisse ihre Schatten voraus, so dass eine Andeutung von Zeitlichkeit ins Spiel kommt.

Im realen Raum bedeuten Schatten optisch abgedunkelte Zonen, die, vom direkten Sonnenlicht abgeschnitten, auf Wand und Boden geworfen werden. Sie stellen stets das Andere, das Ungreifbare dar, etwas, das Dingen und Ereignissen unmittelbar anhängt. Unschärfe, Kühle und unbestimmte Form charakterisieren den Schatten als undurchschaubar und voller Geheimnisse. Schatten erscheinen unwirklich und sind doch, wie das Echo, eine Reaktion auf tatsächlich Vorhandenes. Wenn wir die Malerei von Katharina Grosse als Bilder lesen, in denen Übergänge und Konturen unbestimmt und polyperspektivisch sind, können wir sie auch als Schatten verstehen, die aus der Unschärfe Energie entwickeln. Ihre aus der Farbe wachsenden Tiefenräume weisen über das zweidimensional Schattenhafte jedoch in einen Bereich hinaus, der auch Landschaftsraum oder Hörraum sein könnte.

In seinem Buch über die Geschichte der Unschärfe richtet Wolfgang Ullrich die Aufmerksamkeit auf den Vorgang des Betrachtens von Landschaft.[1] Mit dem Anfang des 19. Jahrhunderts tätigen Nationalökonomen Adam Müller fragt Ullrich, warum eine Landschaft auf den Menschen im Allgemeinen wohltuend wirkt. Müller führt diese angenehme Wirkung auf die Tiefenperspektive der Landschaft zurück. Aus der Nähe erscheinen Gegenstände in klarer, aggressiver Schärfe, während die „irdischen Dinge" von weitem betrachtet weicher wirken. Ihre Umrisse verlieren sich, die Farben werden sanfter. Grenzen werden durchlässig, Luft und Erde fließen zusammen. Das Vorhandensein von Dunst sowie das unterentwickelte Sehvermögen der Menschen sind nach Müller Voraussetzung dafür, dass das Erleben von Landschaft die Seele in einen Zustand „sanften Getragenwerdens" versetzt. In Bezug auf Grosse erscheint Müllers Beobachtung von 1808 insofern relevant, als durch die Auflösung der Konturen der Eindruck von Zeitlichkeit entsteht. Erinnerung und Zukunft werden evoziert. Nur das Bild der Gegenwart wird klar umrissen wahrgenommen. Somit verbindet die Unschärfe, wie sie Anfang des 19. Jahrhunderts in Landschaftsdarstellungen etwa von William Turner oder Caspar David Friedrich vorkommt, die zeitlichen Pole von Vergangenheit und Zukunft. Während der Nahblick analytisch klar sieht und in seiner Abgegrenztheit keine Spielräume zulässt, gleicht der Fernblick metaphysischem Schauen. Hier finden sich deutliche Analogien zur Malerei der Unschärfe, insbesondere des Diffusen bei Grosse, deren Farbpalette aber auf Signalhaftes setzt.

Die rahmenden, konturauflösenden Bildträger wirken ebenfalls in dieselbe Richtung einer überzeitlichen Kunstauffassung. Die gebogenen Formverläufe der Scheiben öffnen sich in alle Richtungen. Sie verweisen auf Schwingungsebenen, die sich im Raum im unsichtbaren Bereich fortsetzen. Grosses Bildwelt fordert damit ein Sehen heraus, dass auch ein Hören sein könnte. Ihre unhierarchischen Bildordnungen, die sich jeder Eindeutigkeit und Festlegung auf eine einzige Aussage entziehen und viele Standpunkte zulassen, entsprechen beiden Sinneswahrnehmungen.

Analogien finden sich im chinesischen Kulturraum. Hier ist das Auge ein Yang-Sinn und damit sonnenhaft-männlich, während das Ohr den Yin-Sinn vertritt, der die mondhaft-weibliche Komponente darstellt. Das Auge dringt in die Welt ein, es wird als Pfeil oder Phallus dargestellt. Das Ohr nimmt die Welt auf, sein Symbol ist die Muschel, die dem weiblichen Geschlecht entspricht. Der Hörsinn steht für Rezeptivität, Milde, Feminität, Verständnis, Offenheit und Toleranz. Joachim-Ernst Berendt bemerkt in seinem Buch *Das dritte Ohr,*[2] dass im Englischen die Wörter „Eye“ (Auge) und „I“ (Ich) gleich klingen. „Das Auge sagt: Ich!“, heißt es in der indischen Philosophie. Gerade aber das Auge kann das „Ich“ als Gesicht nicht sehen. Das klassifizierende und wertende Auge sagt „Ich“ zu den anderen und wirkt damit in erster Linie abgrenzend.

Wir leben in einer Zeit, die von der Vielfalt visueller Medien geprägt ist, in der das Sehen den Großteil der Wahrnehmung ausmacht. Aus psychologischer Sicht denken visuell orientierte Menschen in Kausalzusammenhängen, auf geraden Linien, die das Licht bestimmt. Ihr Denken geht von Alternativen aus, statt die Wirklichkeit in Relationen wahrzunehmen. Das Ohr hingegen hält nach Berendt ein Wahrnehmungsspektrum bereit, das im Verhältnis zum Auge erheblich breitere Möglichkeiten entfaltet. Über das Hören hinaus steht das Ohr für die Steuerung des Gleichgewichts, die Einspeisung der Mathematik sowie für die Fähigkeit zur Transzendierung. Nichts Vergleichbares liefert der Sehsinn. „Das Ohr [...] impliziert nicht Trennung, sondern Einheit.“[3] In diesem Sinne kann Grosses Malerei verstanden werden. Bei ihr ist der Betrachter nicht nur Zuschauer, der durch bloße Beobachtung Wirklichkeit (falsch) wahrnimmt, er ist vielmehr Partizipant, der mittendrin steht und so Teil der Wirklichkeit wird.

Katharina Grosses Werk eröffnet auf metaphorischer Ebene das relationale Feld zwischen Sehen und Hören. Ihre Kunst schafft ein Angebot, unser Denken über die visuelle Dominanz abendländisch konditionierter Wahrnehmung hinauszuführen und das Erleben aus der inneren Welt heraus weiter auszudehnen. Erst wenn Hören und Sehen zusammenfallen, werden wie in *shadowbox* beide Seiten einer Medaille sichtbar, die Leben heißt.

---

1 Wolfgang Ullrich, *Die Geschichte der Unschärfe,* Berlin 2002, S. 9 ff.
2 Joachim-Ernst Berendt, *Das dritte Ohr. Vom Hören der Welt,* Hamburg 1985, S. 56 ff.
3 Ebd., S. 58.

Through her installational painting, Katharina Grosse transforms the exhibition space of the Temporäre Kunsthalle Berlin into a place where precisely defined dimensions encounter undetermined color-spaces. The artist leans four color-panels of approximately eight by eleven meters each against the walls of the hall. These convex panels have been cut along their edges and on their insides into a variety of seemingly organic forms. Stencil-like, the panels form interspaces with the walls behind them which the viewer can see and walk through, making work processes and construction comprehensible on the front and backsides.

Hardly any painters in Germany manage to handle oversized spaces with such poise and confidence as Grosse does. Her ephemeral color-painting in spray technique has profoundly reshaped the concept of painting at numerous locations over the last ten years. In museums, staircases, gyms, nursery schools, castles, and private residences, as well as on advertising boards and exterior walls, her paintings time and again open up startling new perspectives and offer metaphors for fresh approaches.

Grosse encountered singular technical and spatial challenges at the Temporäre Kunsthalle for her most recent and hitherto largest project. Against this background, she has developed a new, site-specific work which does not directly engage with the wall surfaces but rather provides a spatial shift and compression. shadowbox is an autonomous piece made from laminated rigid foam boards, custom-made by a Berlin specialist company, to which Grosse applied her particular method of painting.

The four elliptical forms of shadowbox generate physical as well as illusionist spheres which directly take up a dialogue with the space. By applying paint in layers, Grosse creates optical depths on the image surfaces which unfold to some extent in opposite directions in relation to the convexly bent panes. Virtual levels develop on which color spreads in different directions and at various speeds. Because of the arching form, there is no vantage point from which the piece can be surveyed as a whole at a glance. Rather, a viewer is very likely to be consciously searching for different viewpoints.

The title of the exhibition refers both to the specific spatial situation at the Temporäre Kunsthalle and to the content inherent in the work. "Shadowbox" stands for the light-proof boxes or dioramas which display objects or show them in a particular light. The casing, almost devoid of daylight, also points to a place where the indeterminate occurs: here is a place for shadow boxing with an invisible opponent or for chasing ideas like shadows. Also, threatening events are foreshadowed, thus introducing time as part of the equation.

In real space, shadows denote optically obscured zones, cut off from direct sunlight and cast onto wall or floor. They always signify the other, the elusive, and something which immediately adheres to things and events. Unfocused, cool, and indeterminate of form, shadows are associated with mystery and inscrutability. Shadows appear unreal, yet they are, like an echo, a reaction to something present. If we read Grosse's *paintings as images of vagueness and many perspectives, we may be able to understand them as shadows which generate energy from uncertainty, from being blurred. Their depth of space grows out of color and points beyond the two-dimensional, umbral realm to a space which could be one of landscape or of hearing.*

In his monograph on the history of blurring (Die Geschichte der Unschärfe), *Wolfgang Ullrich directs our attention to the process of viewing landscape.*[1] *Ullrich asks, with the early nineteenth-century economist Adam Müller, why landscape generally has a pleasing effect on people. Müller attributes this effect to depth created by perspective in landscapes. From close range, objects present themselves in clear and aggressive focus while "earthly concerns" assume a softer appearance when viewed from afar. Their contours fade. Their colors mellow. Boundaries become permeable. Air and land merge. According to Müller, the presence of haze and the underdeveloped vision of humans are prerequisites for the experience of landscape to put the soul into a state of "softly being borne." Müller's observation in 1808 relates to Grosse insofar as the fading of contours in her work intimates temporality. It evokes memory and future. Only the image of the present is perceived distinctly. Thus the blurring, as it occurs in representations of landscape in the early part of the nineteenth century in such painters as William Turner or Caspar David Friedrich, connects the temporal poles of past and future. While close inspection is of analytical clarity and, in its limitedness, leaves no scope, the view from afar resembles the metaphysical gaze. Here, we find obvious analogies to the painting of the out-of-focus and, in particular, of the diffuse; beyond these parallels, however, is Grosse's range of color, which has a signal character.*

The framing and contour-dissolving panels, too, act along the lines of a transtemporal notion of art. The panels' swinging flows of form open up in every direction. They point to levels of resonance which continue into the invisible range. Grosse's imagery provokes a vision which also could be a type of hearing. The non-hierarchical order she uses in these images, which defies the determination and unambiguousness of a single statement and admits a multitude of viewpoints, corresponds to both these types of perception.

Further analogies can be found in Chinese culture: here, the eye is a yang-sense and thus pertains to the sun and the male, while the ear represents the yin-sense which is the moon-like-female component. The eye penetrates the world—it is depicted as an arrow or phallus. The ear receives the world—its symbol is a shell which resembles the female sex. The sense of hearing stands for receptivity, mildness, femininity, understanding, openness, and tolerance. Joachim-Ernst Berendt notes in his book Das dritte Ohr *(The Third Ear)*[2] *that in English the words "eye" and "I" sound the same. "The eye says: I!" Indian philosophy tells us. Yet the eye cannot see the "I" as a sight. The classifying and evaluating eye says "I" to others and acts primarily by drawing boundaries.*

We live in an era informed by a variety of visual media in which seeing provides the lion's share of perceptual input. From a psychological point of view, visually oriented people think in terms of causal relations and straight lines determined by light. Their thinking assumes alternatives instead of observing reality in relations. The ear on the other hand, according to Berendt, holds a significantly wider spectrum of perceptual possibilities. Apart from hearing, the ear stands for regulating our balance, the input of mathematics, and our capacity for transcending. Our sense of sight provides nothing of the kind. "The ear ... does not imply division but unity."[3] Katharina Grosse's painting can be understood along these lines. She does not turn the viewer into a spectator who by mere observation (falsely) perceives reality. Rather, the viewer participates, stands at the center of, and hence forms part of reality.

On a metaphoric level, Grosse's work opens up the relational field between seeing and hearing. Her art offers to lead us out of the cave of the visual dominance of our set ways of perceiving conditioned by our Western upbringing, into the light of expanding our experience from within the inner world. Only when seeing and hearing coincide will we be able to see—as in shadowbox*—both sides of the coin we call life.*

---

1 *Wolfgang Ullrich,* Die Geschichte der Unschärfe *(Berlin: Wagenbach, 2002), pp. 9ff.*

2 *Joachim-Ernst Berendt,* Das dritte Ohr. Vom Hören der Welt *(Hamburg: Rowohlt, 1985), pp. 56ff.*

3 *Ibid., p. 58.*

Katharina Grosse
shadowbox, 2009
Vierteilige Installation / *Four-part installation*
Acryl auf laminiertem Hartschaum / *Acrylic on laminated rigid-foam*

1. o.T. / *untitled*, 2009, 870 x 1270 x 10 cm
2. o.T. / *untitled*, 2009, 800 x 1120 x 10 cm
3. o.T. / *untitled*, 2009, 800 x 1150 x 10 cm
4. o.T. / *untitled*, 2009, 720 x 1050 x 10 cm

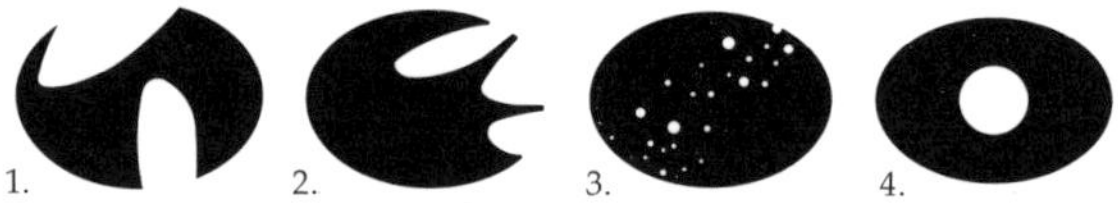

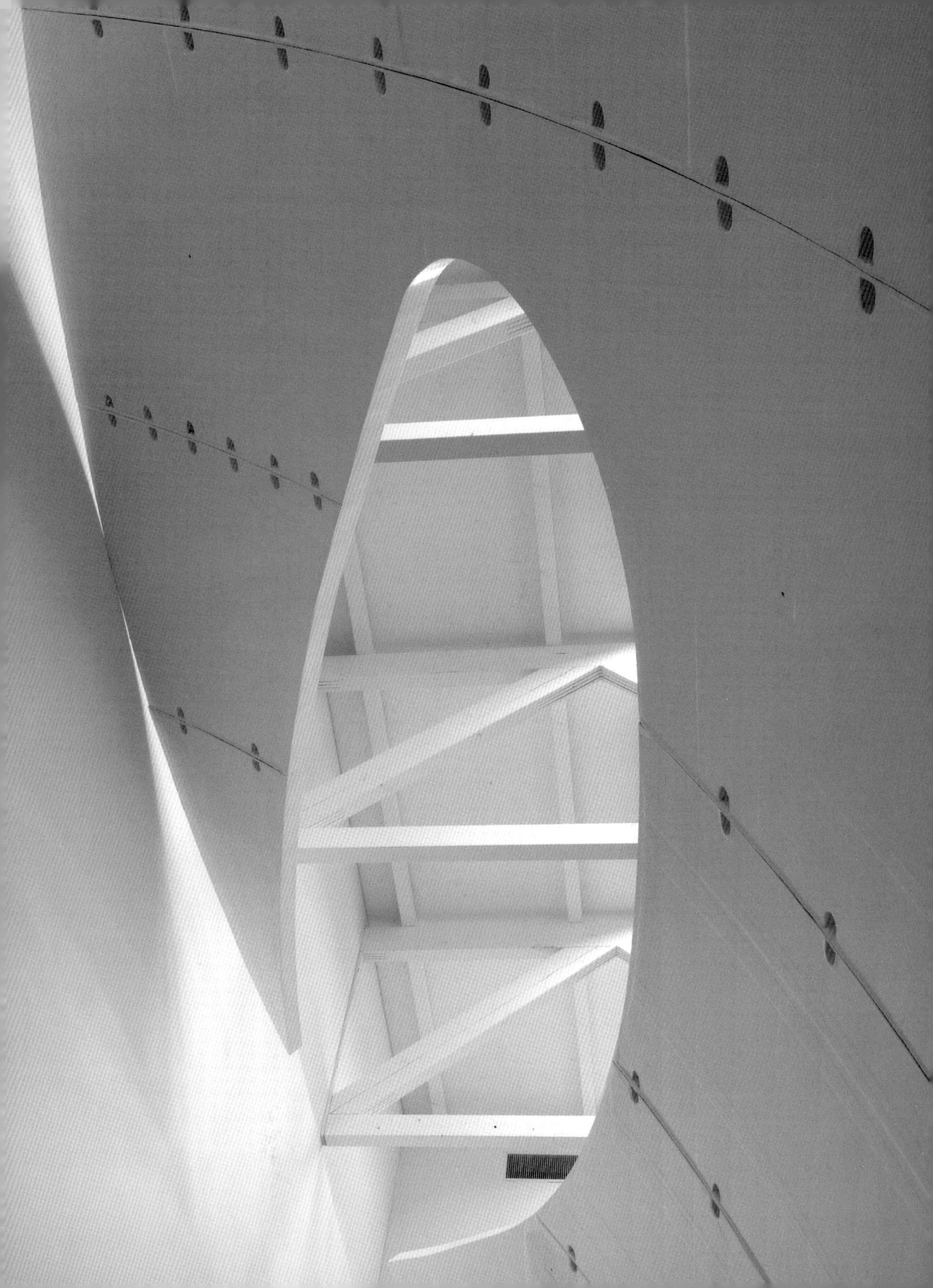

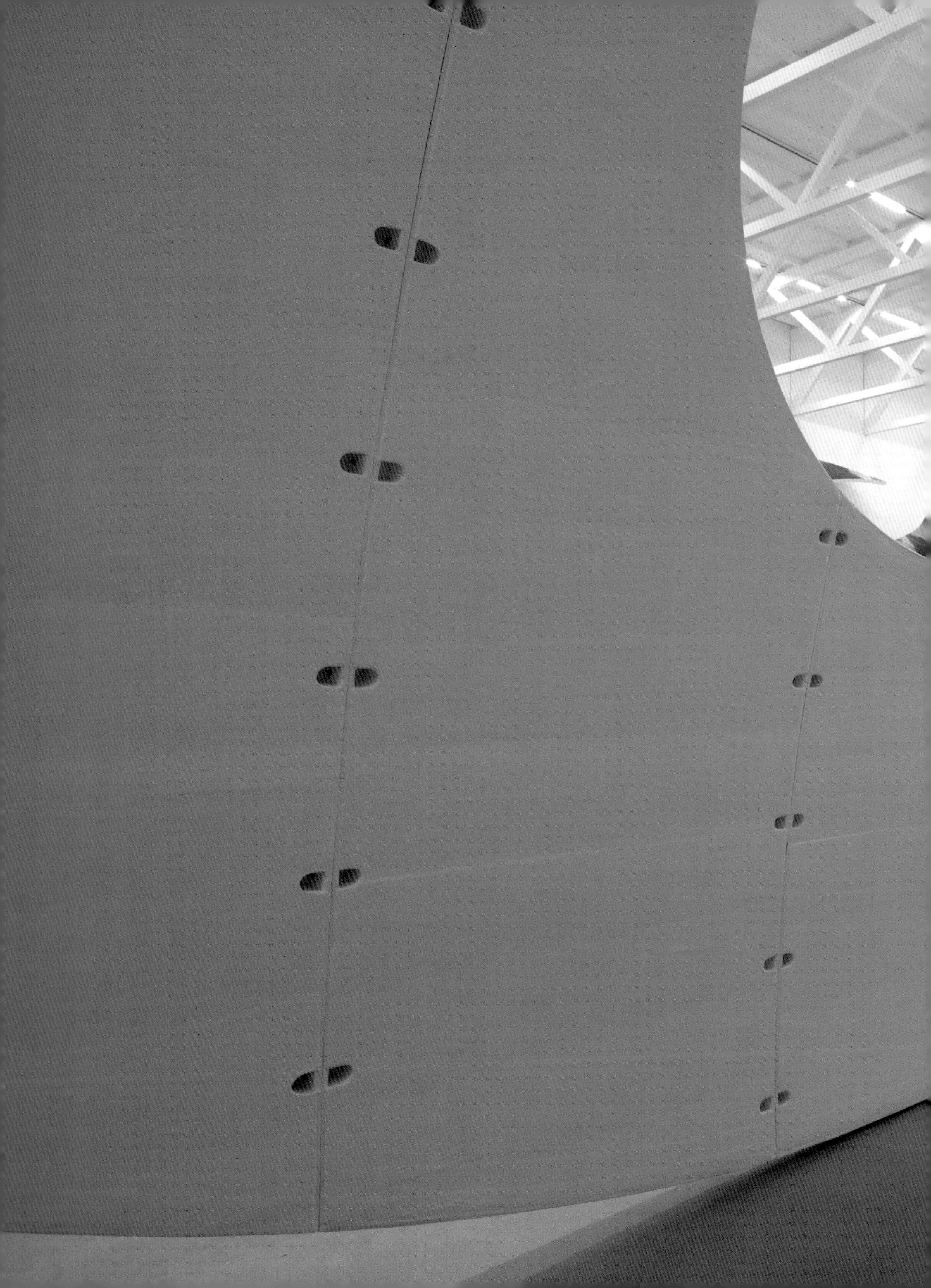

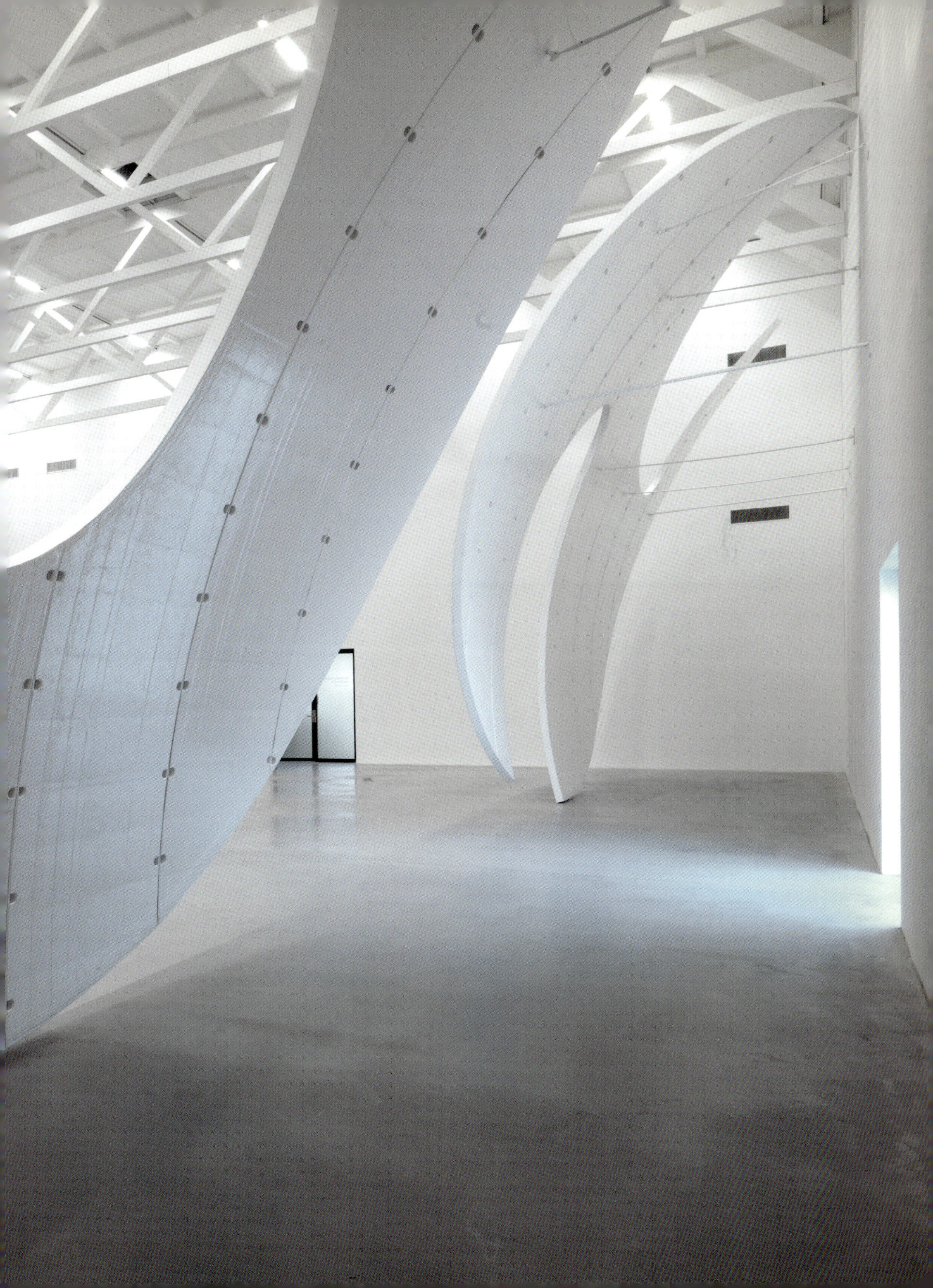

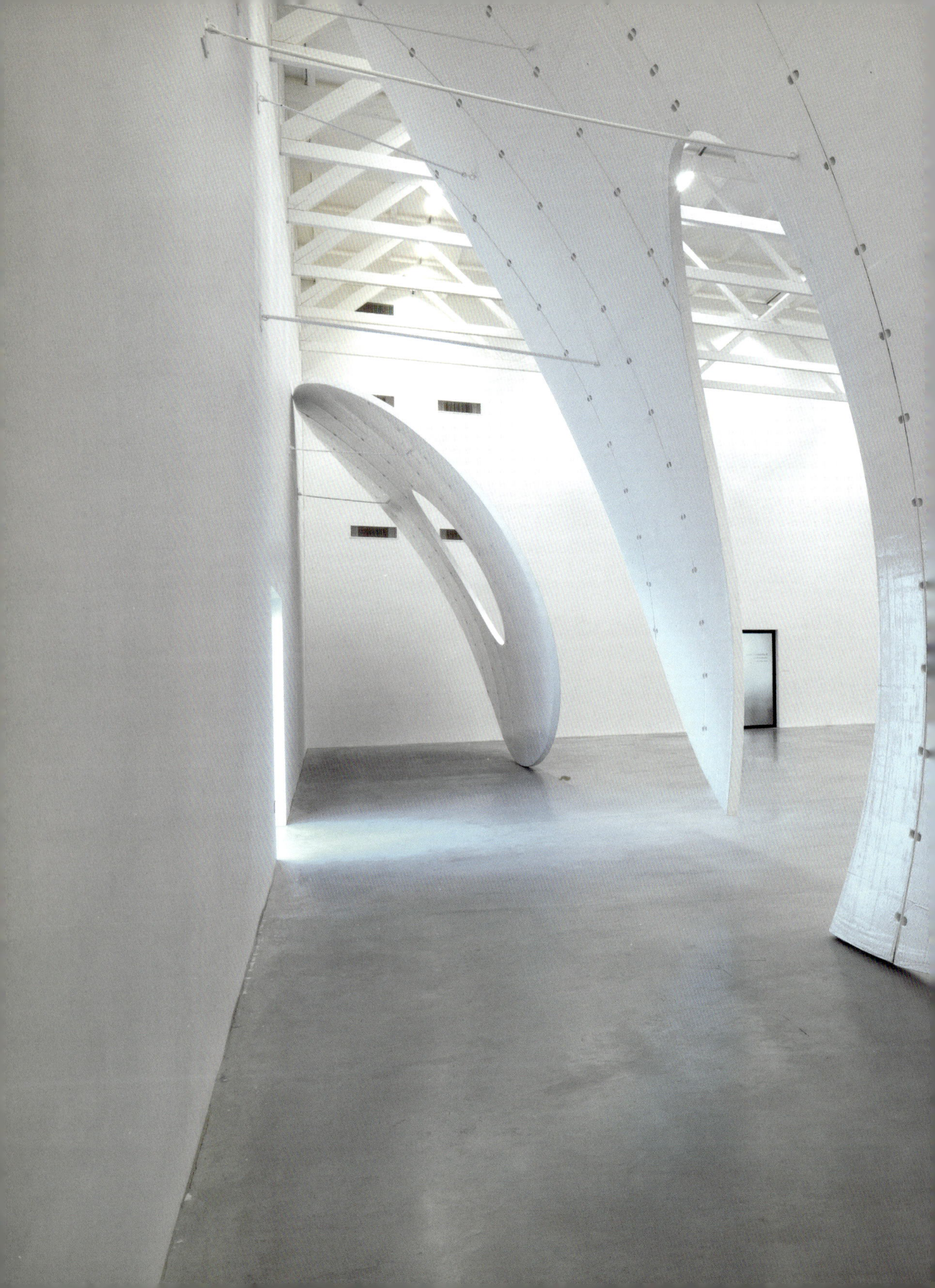

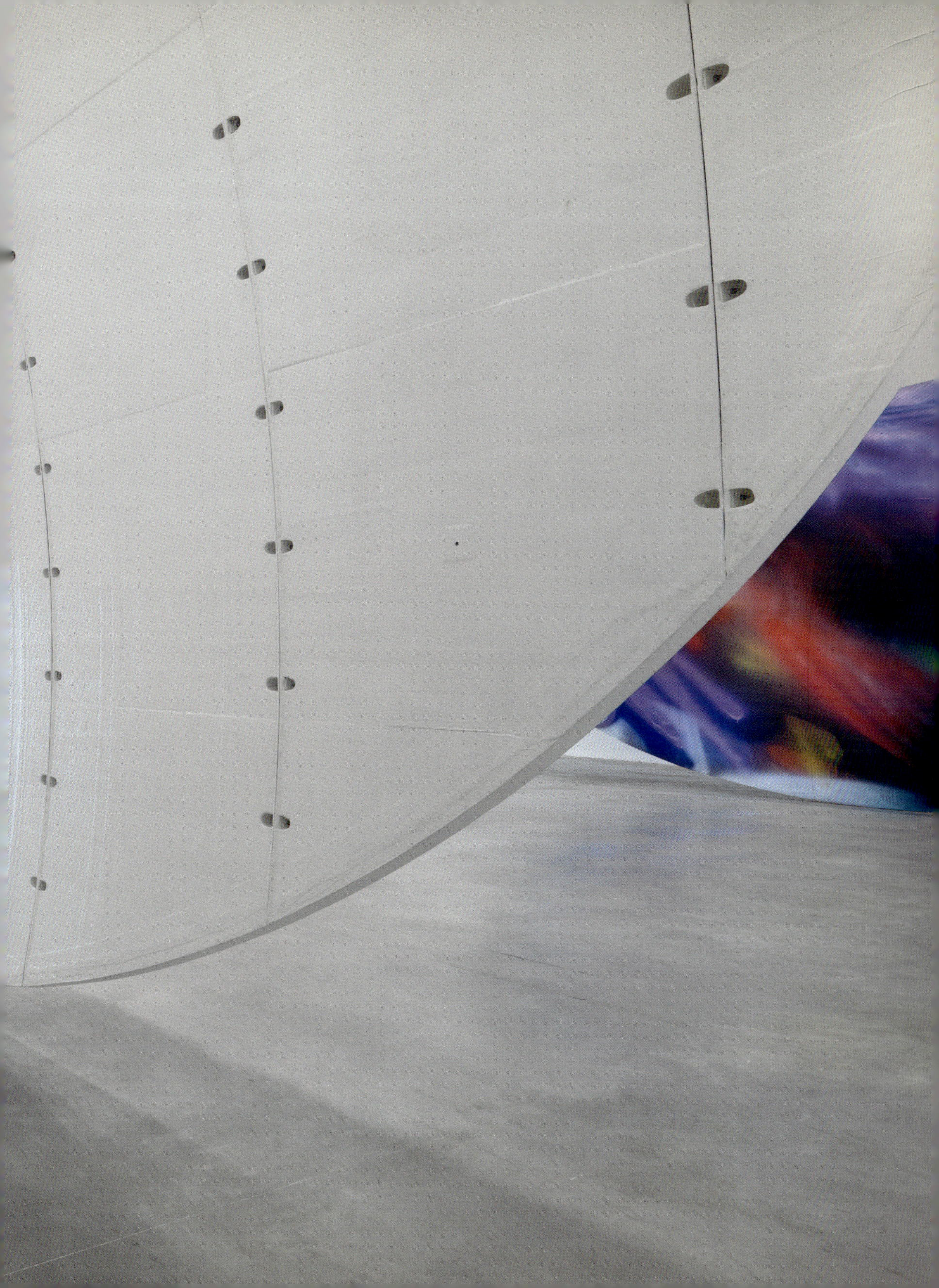

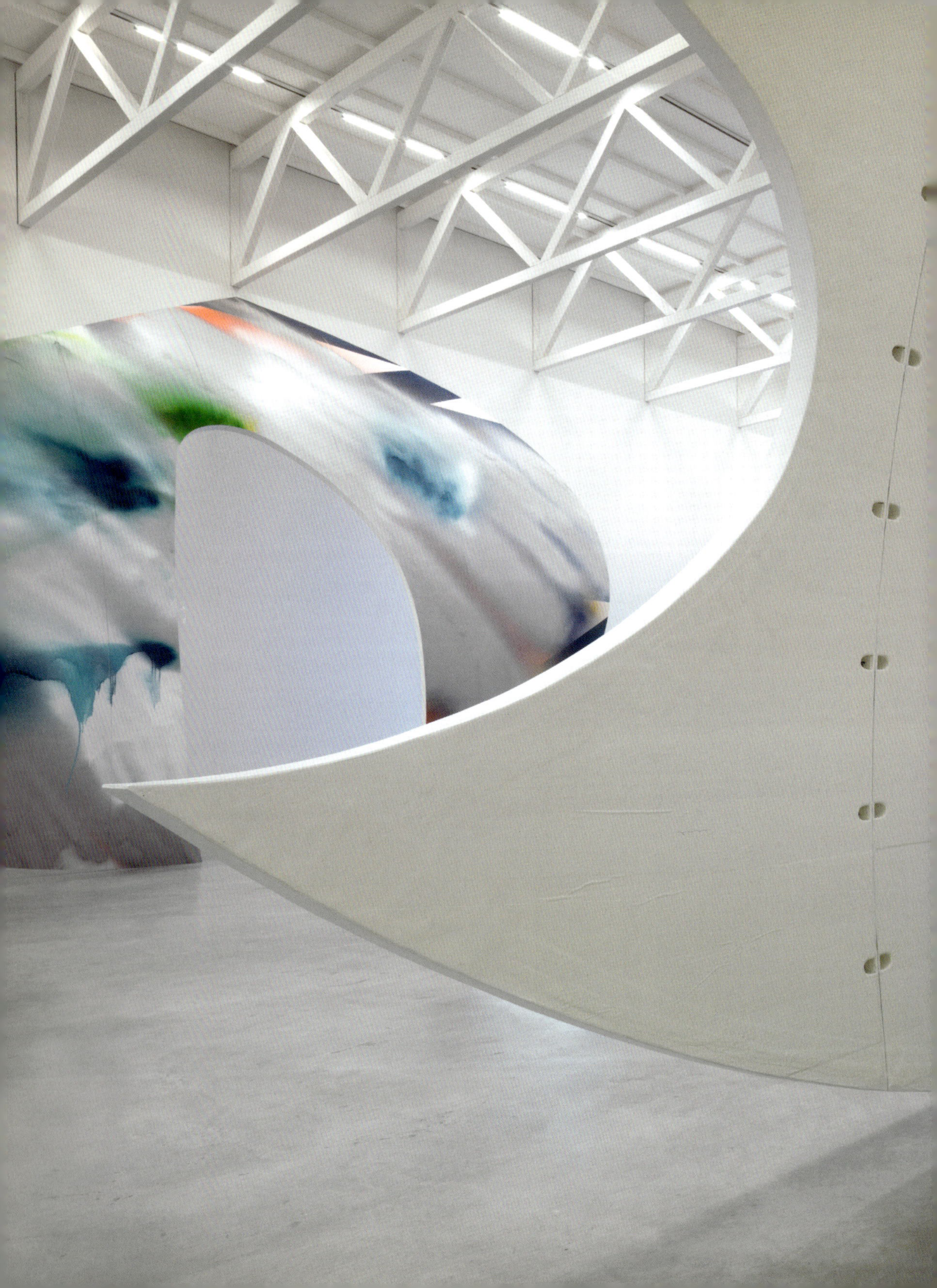

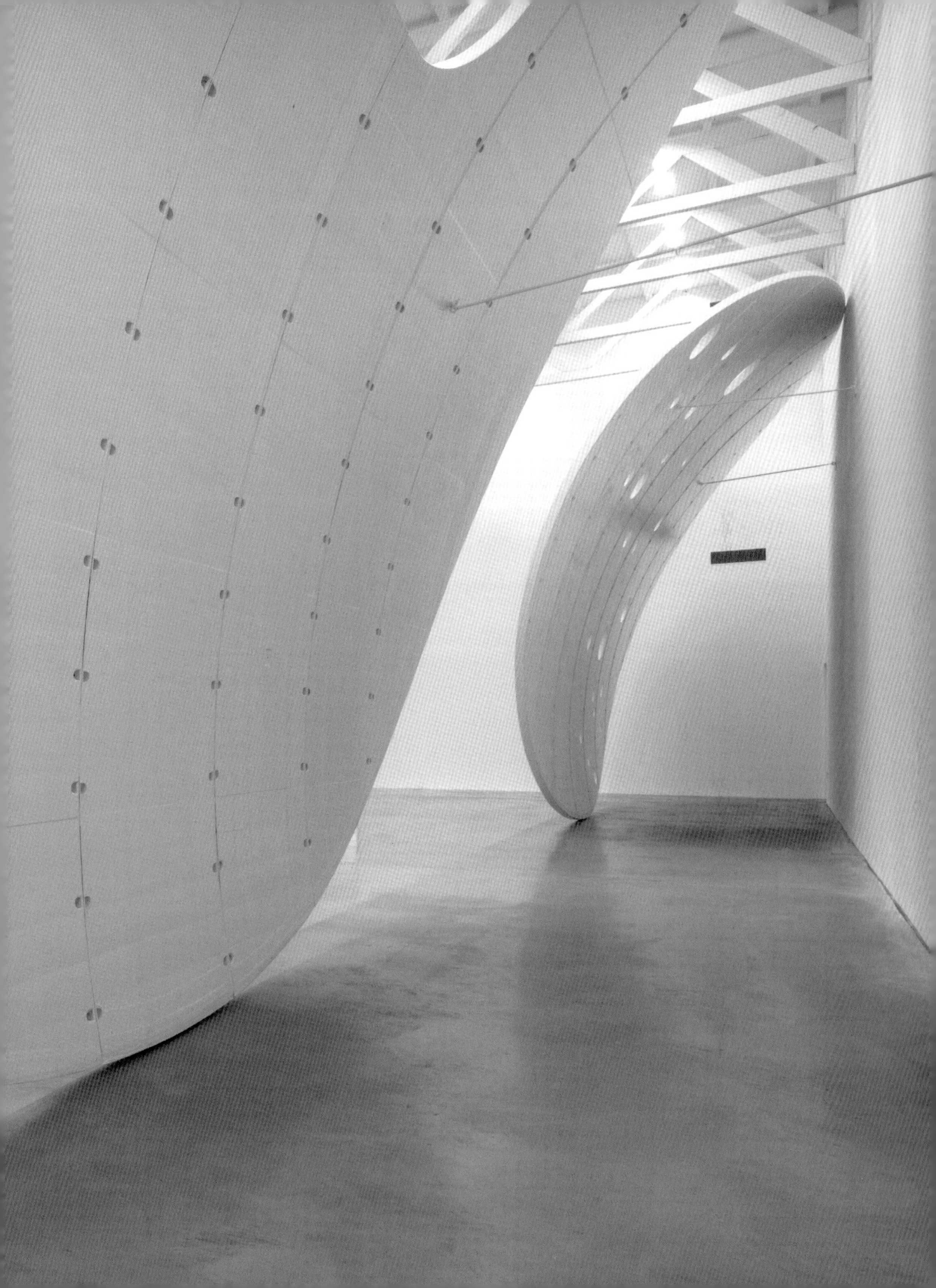

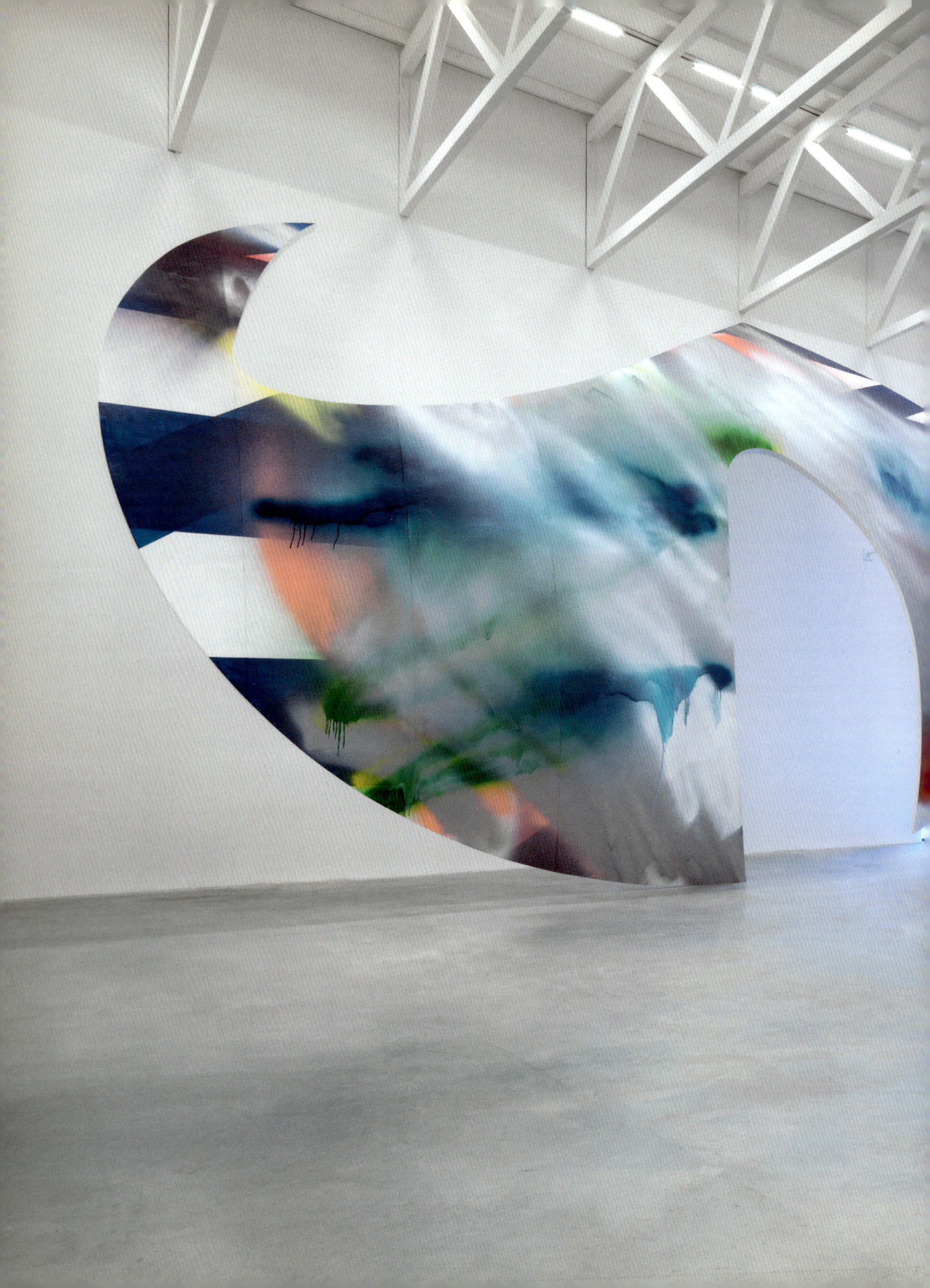

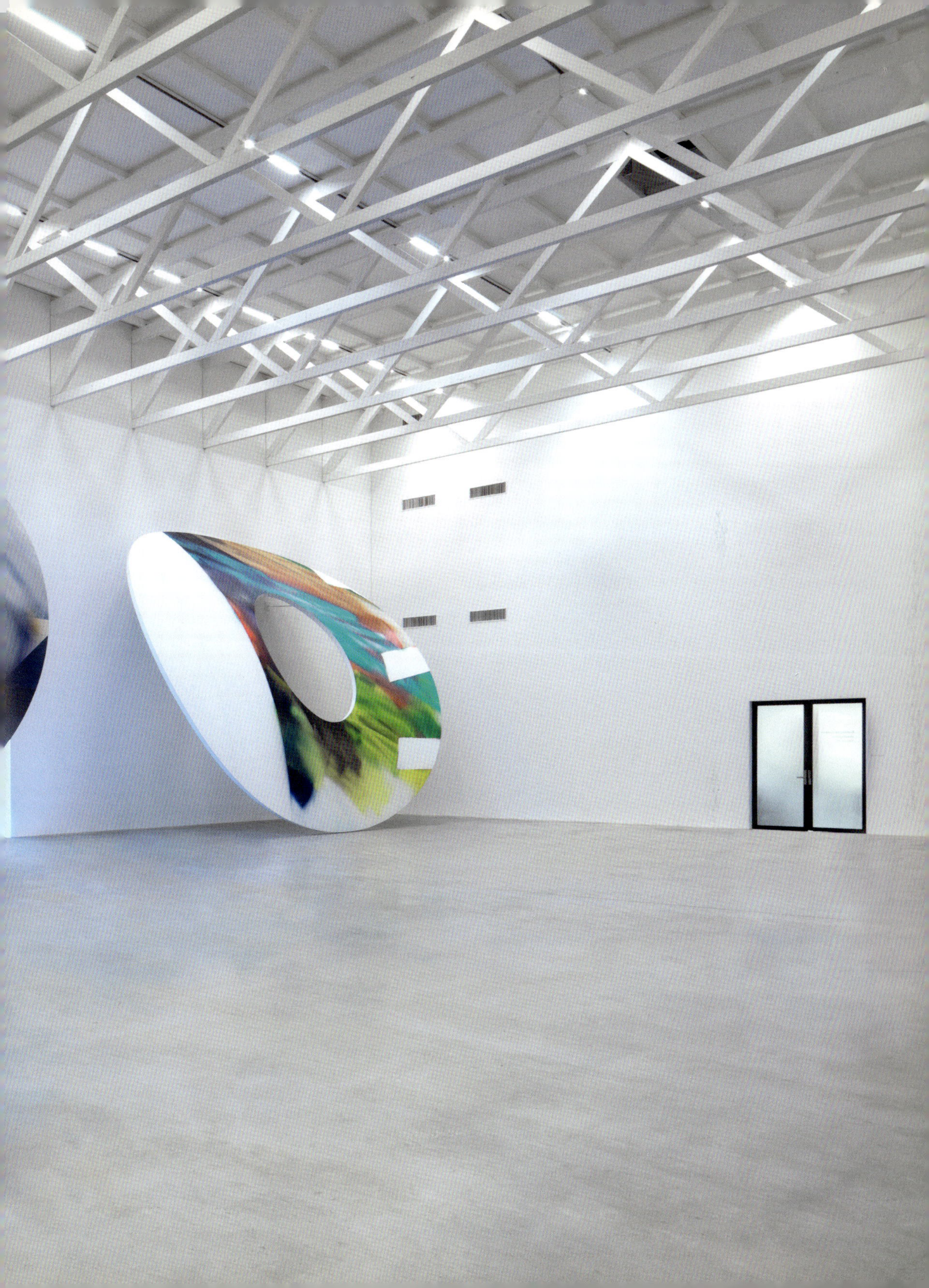

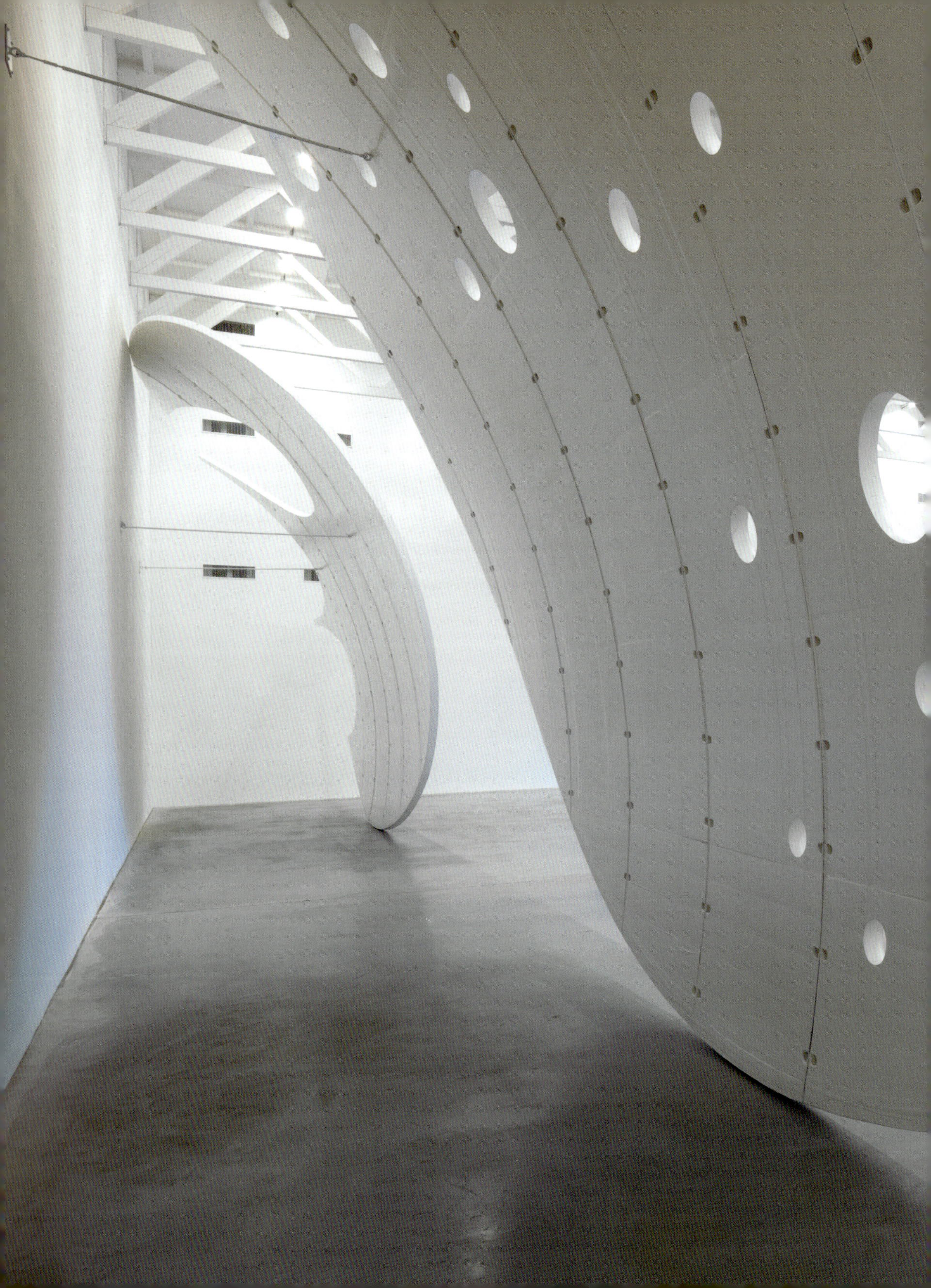

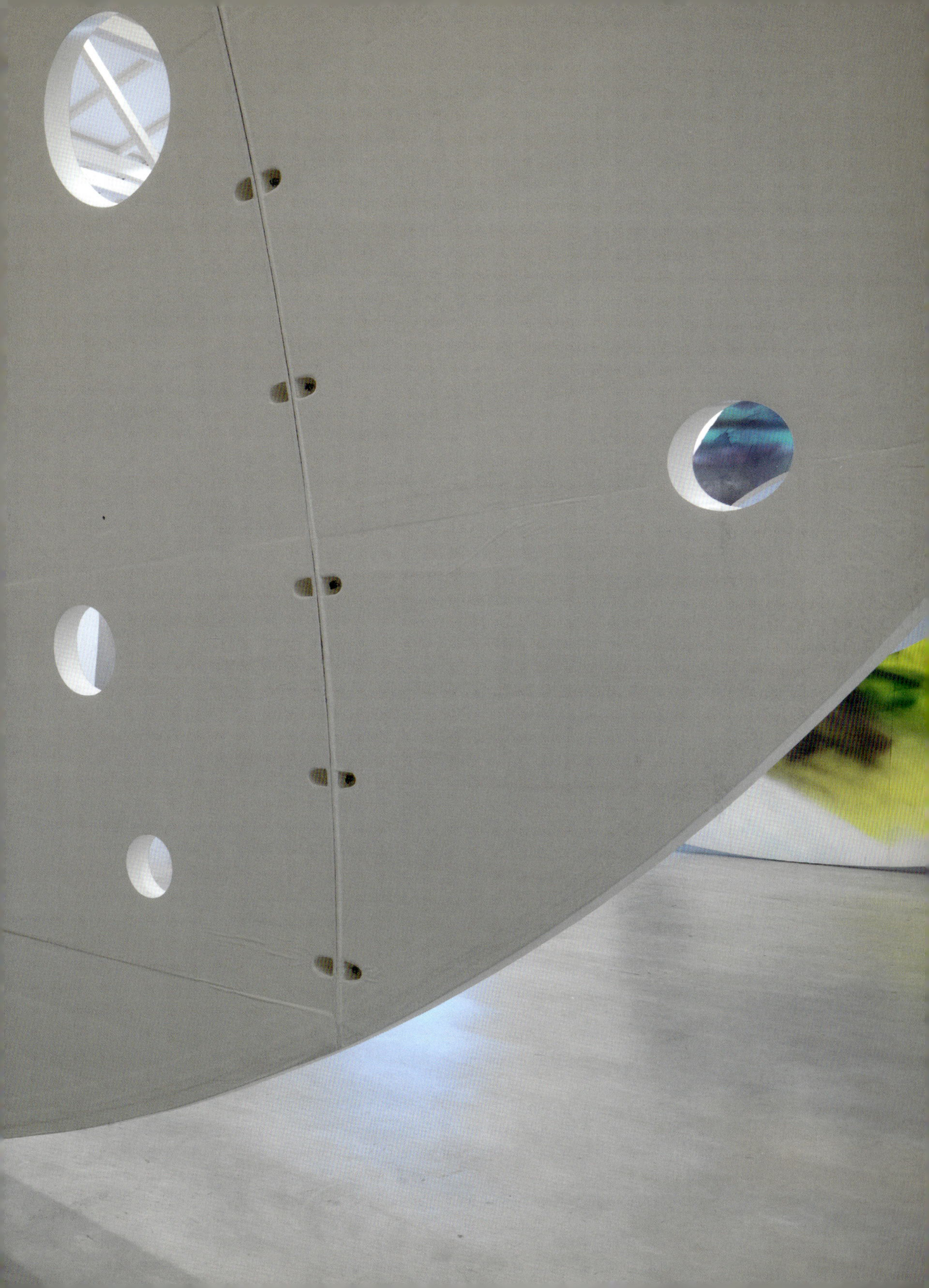

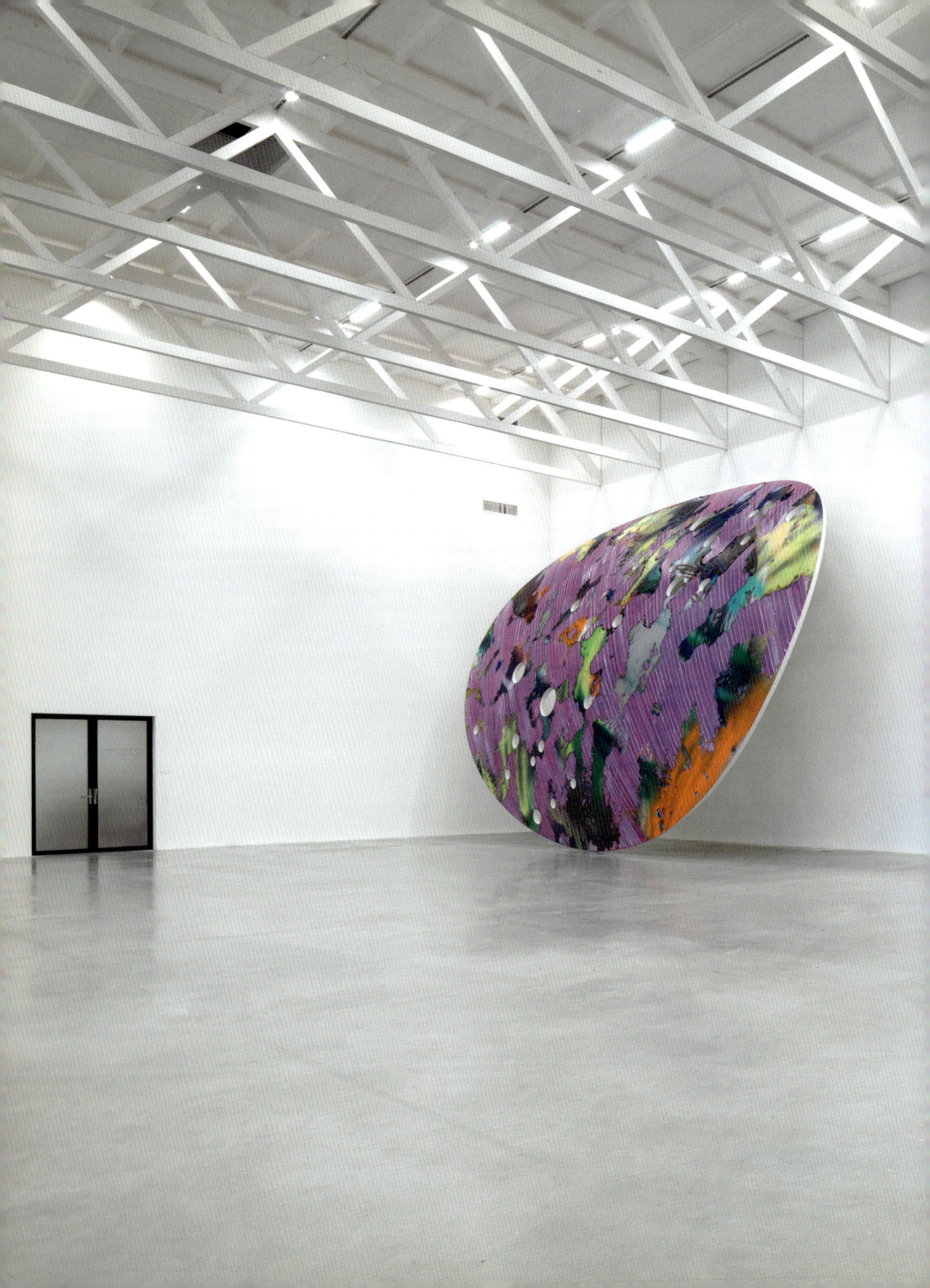

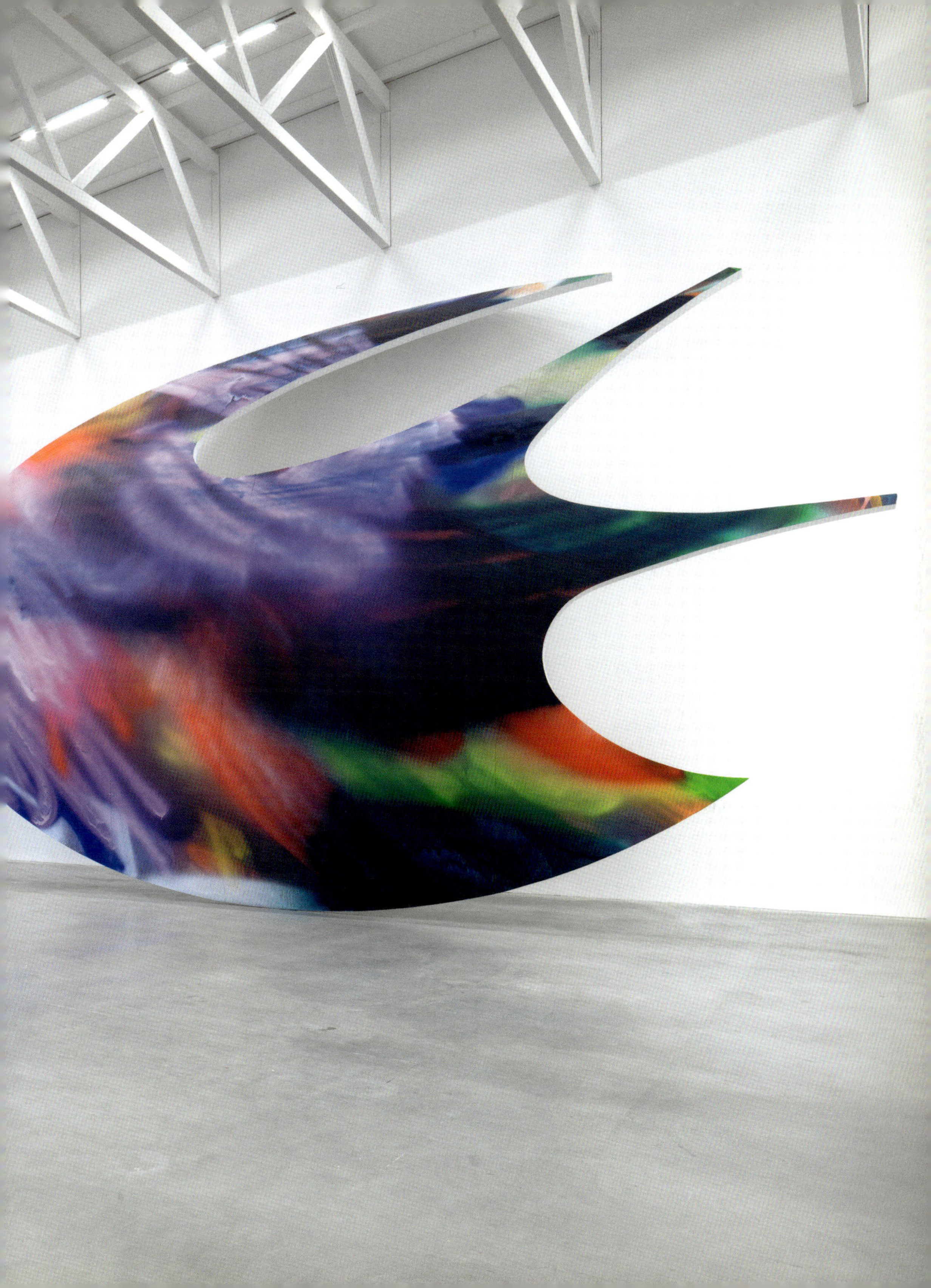

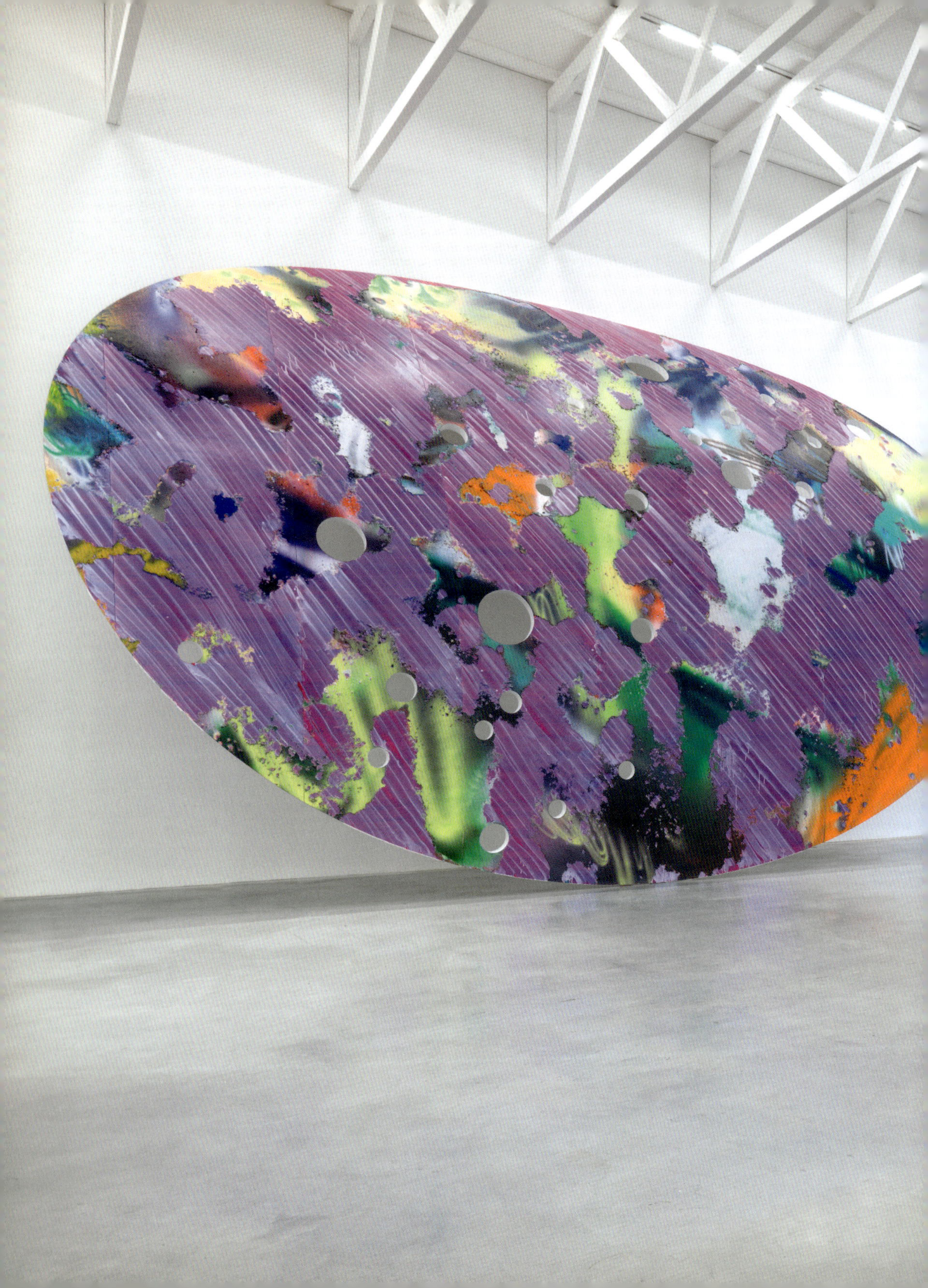

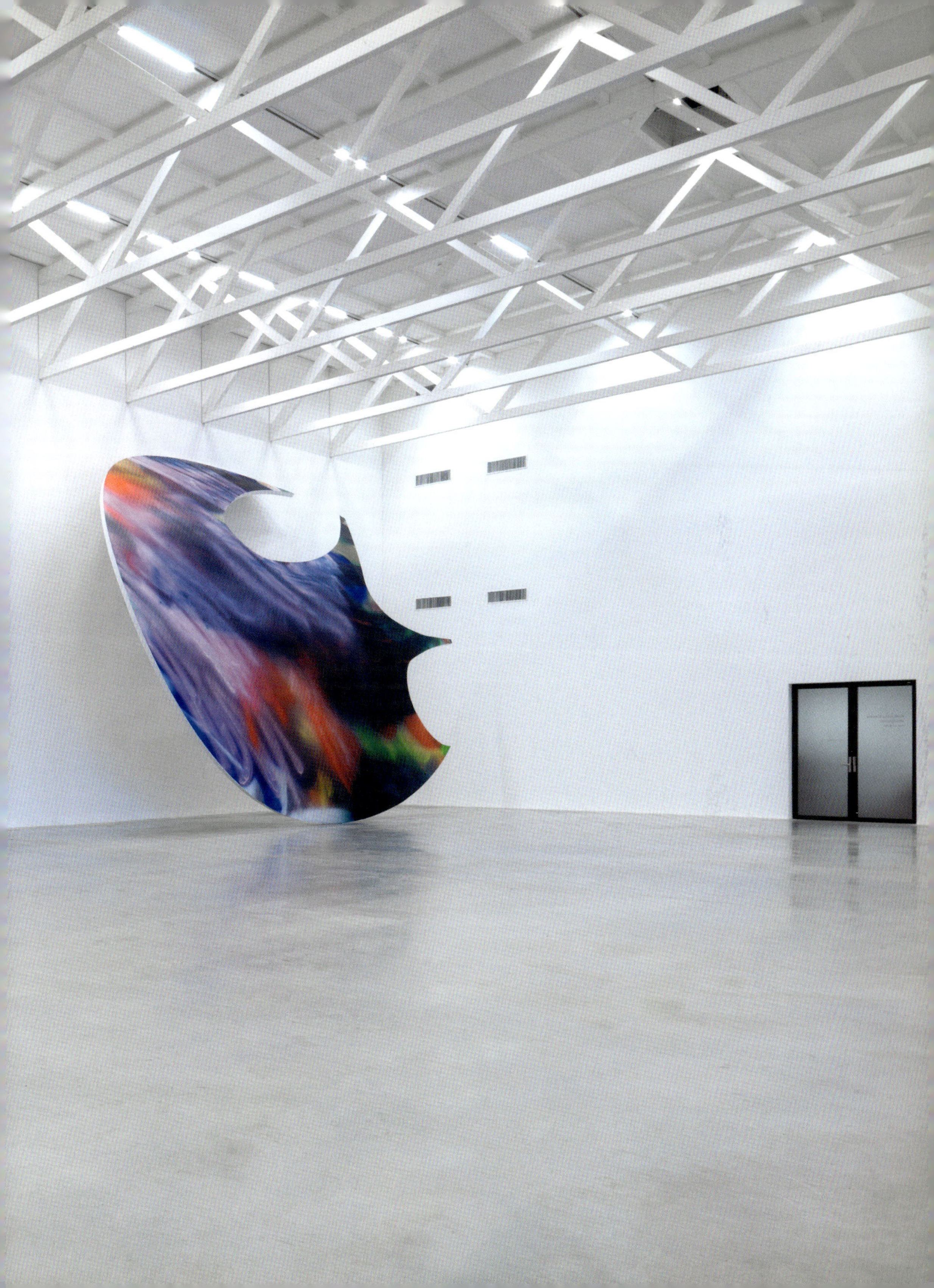

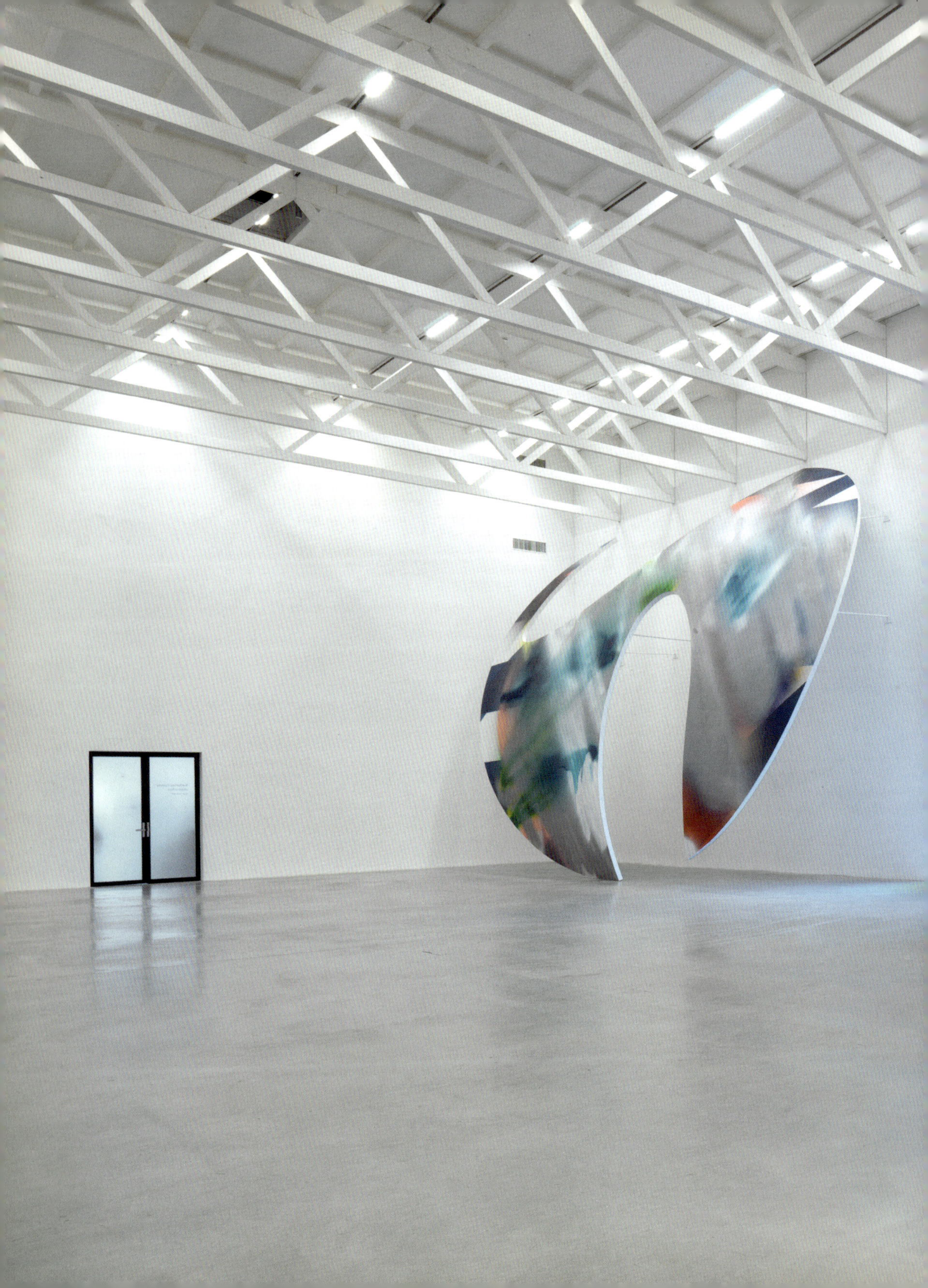

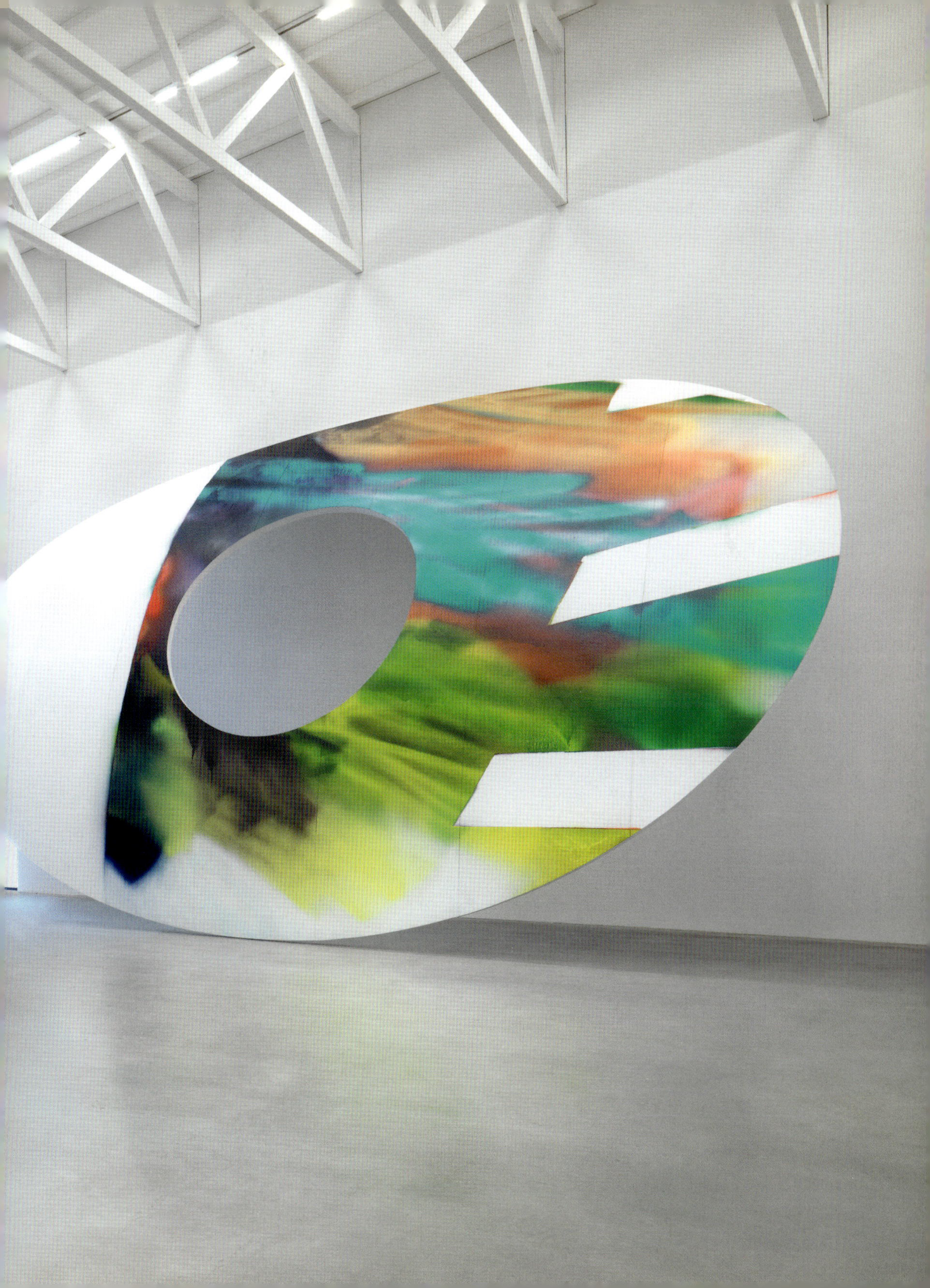

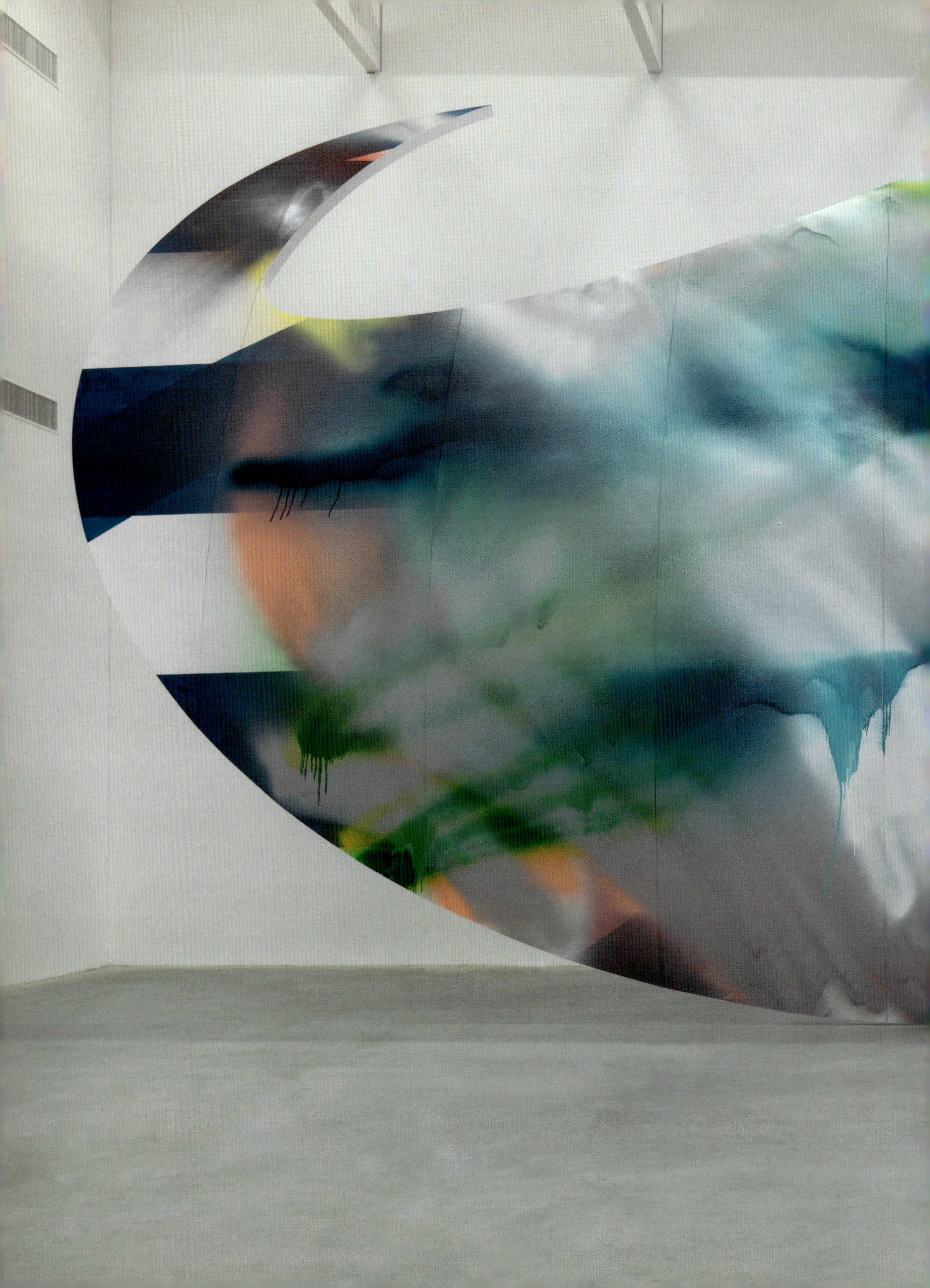

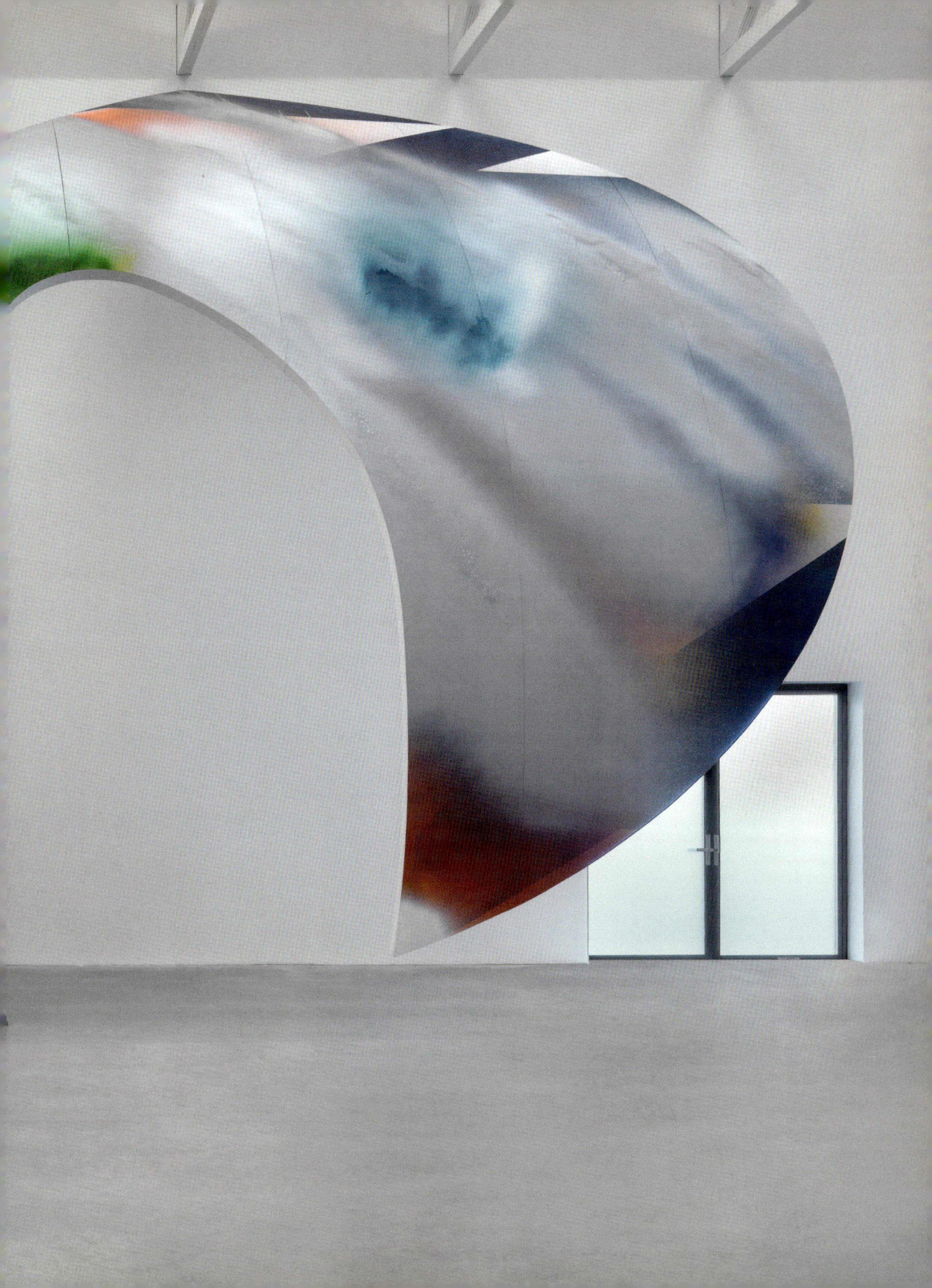

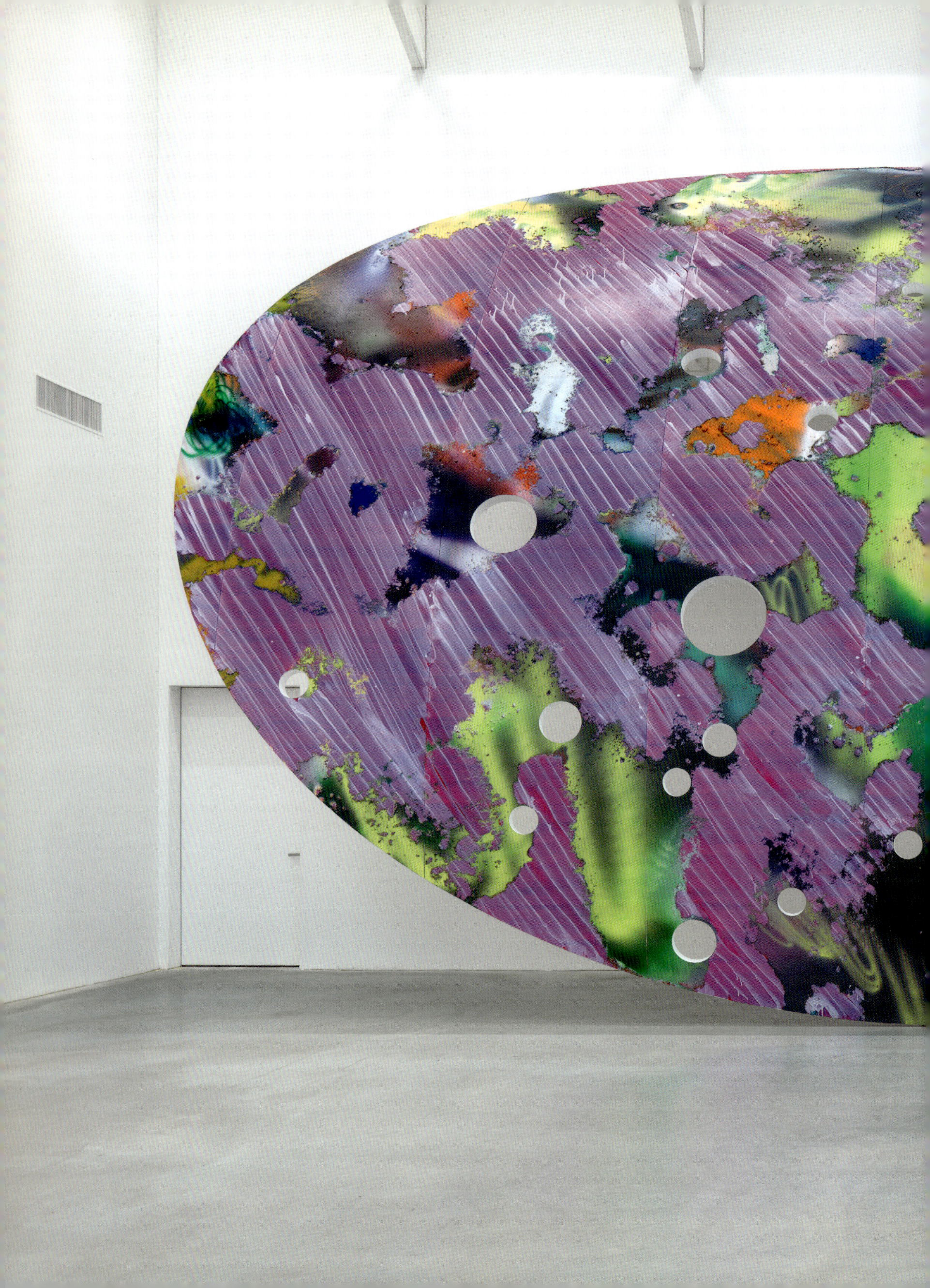

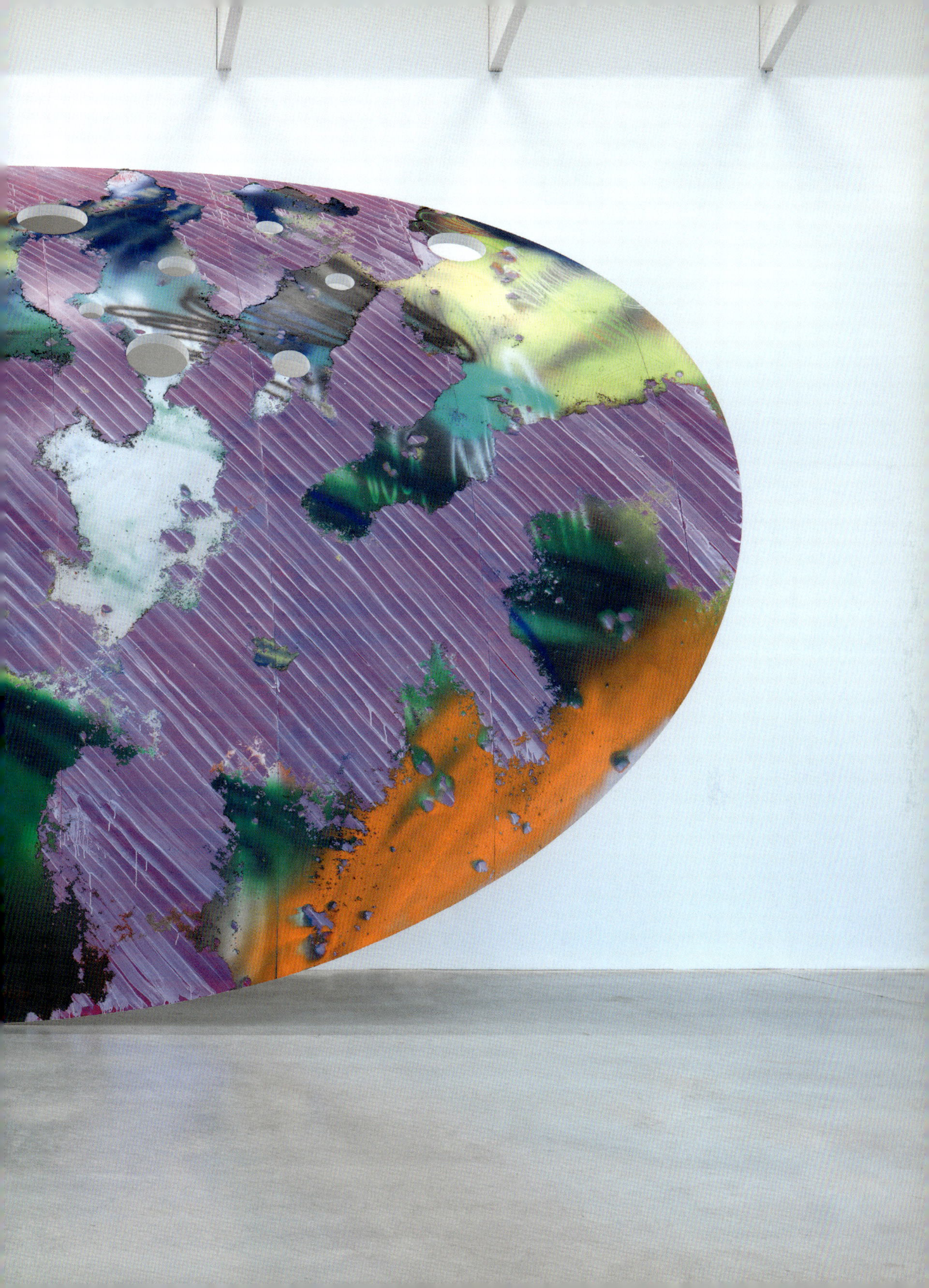

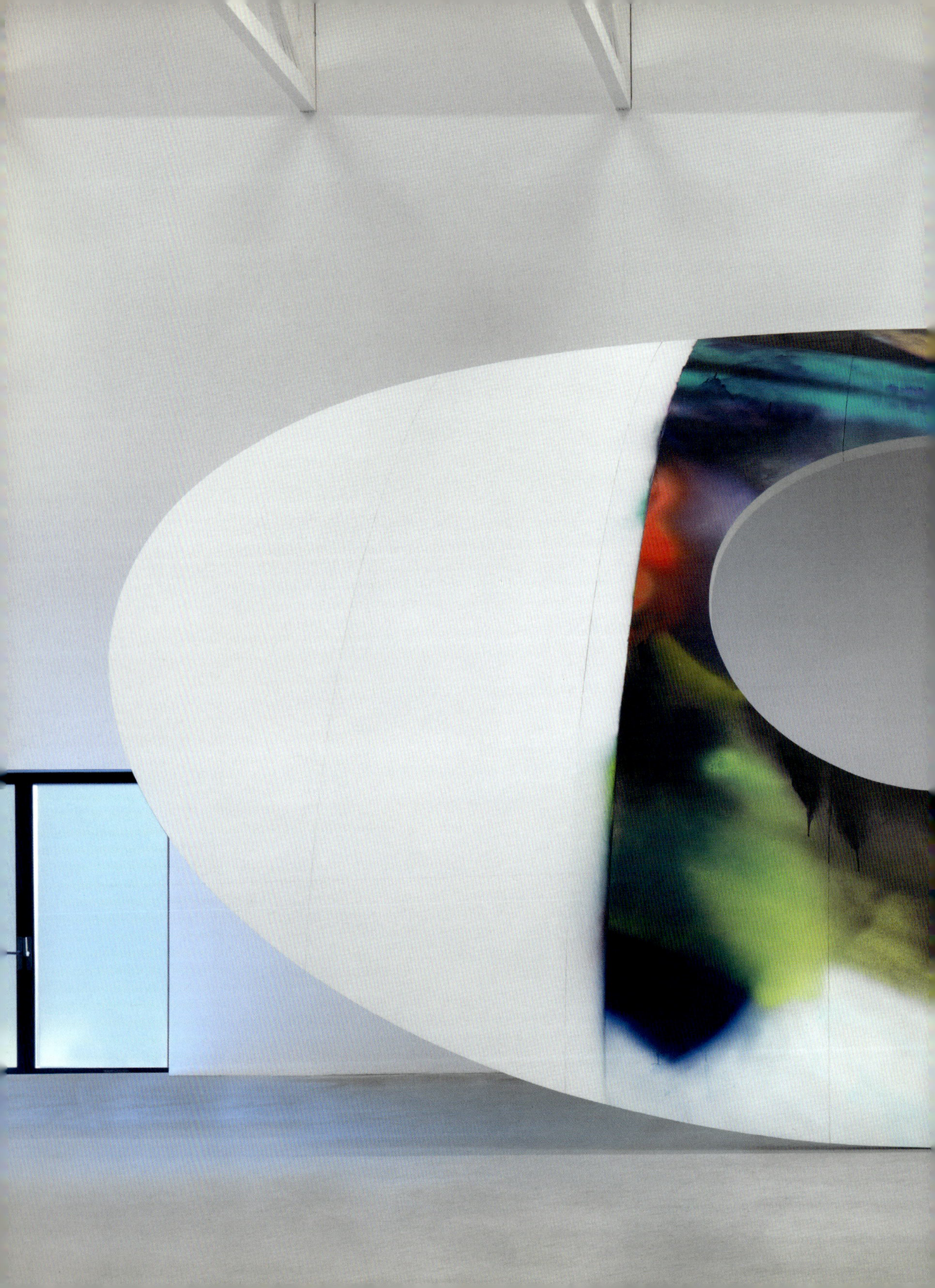

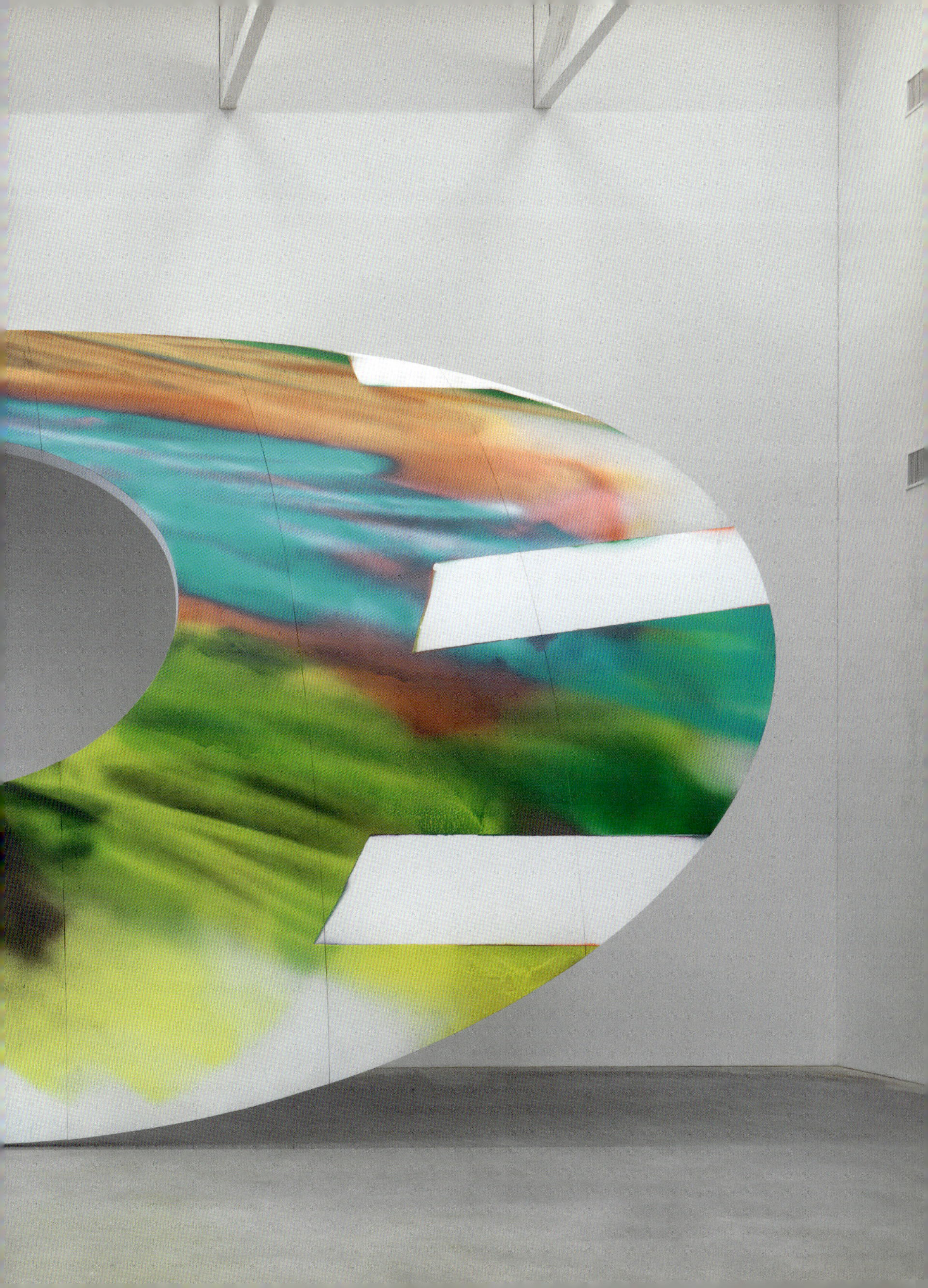

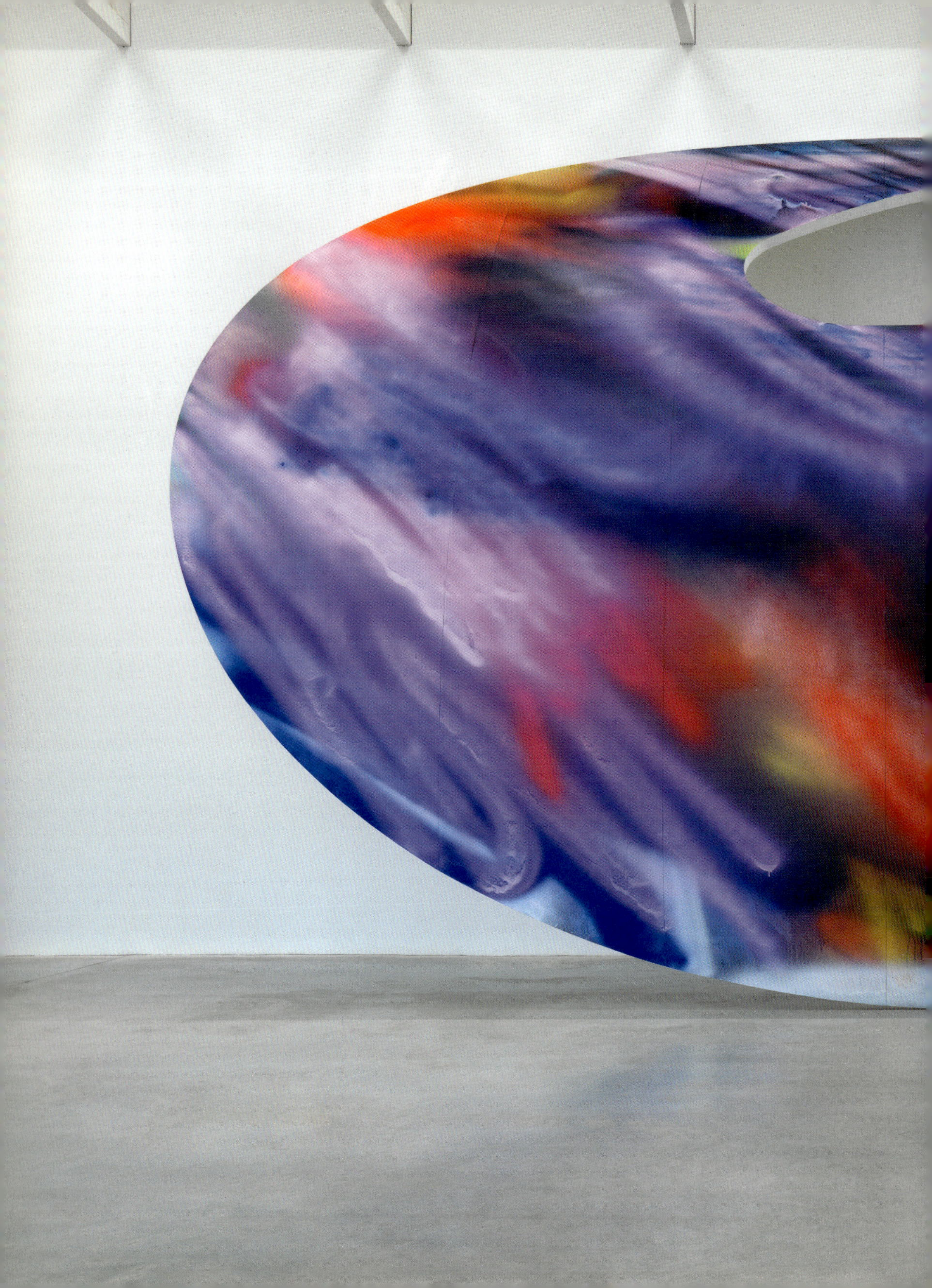

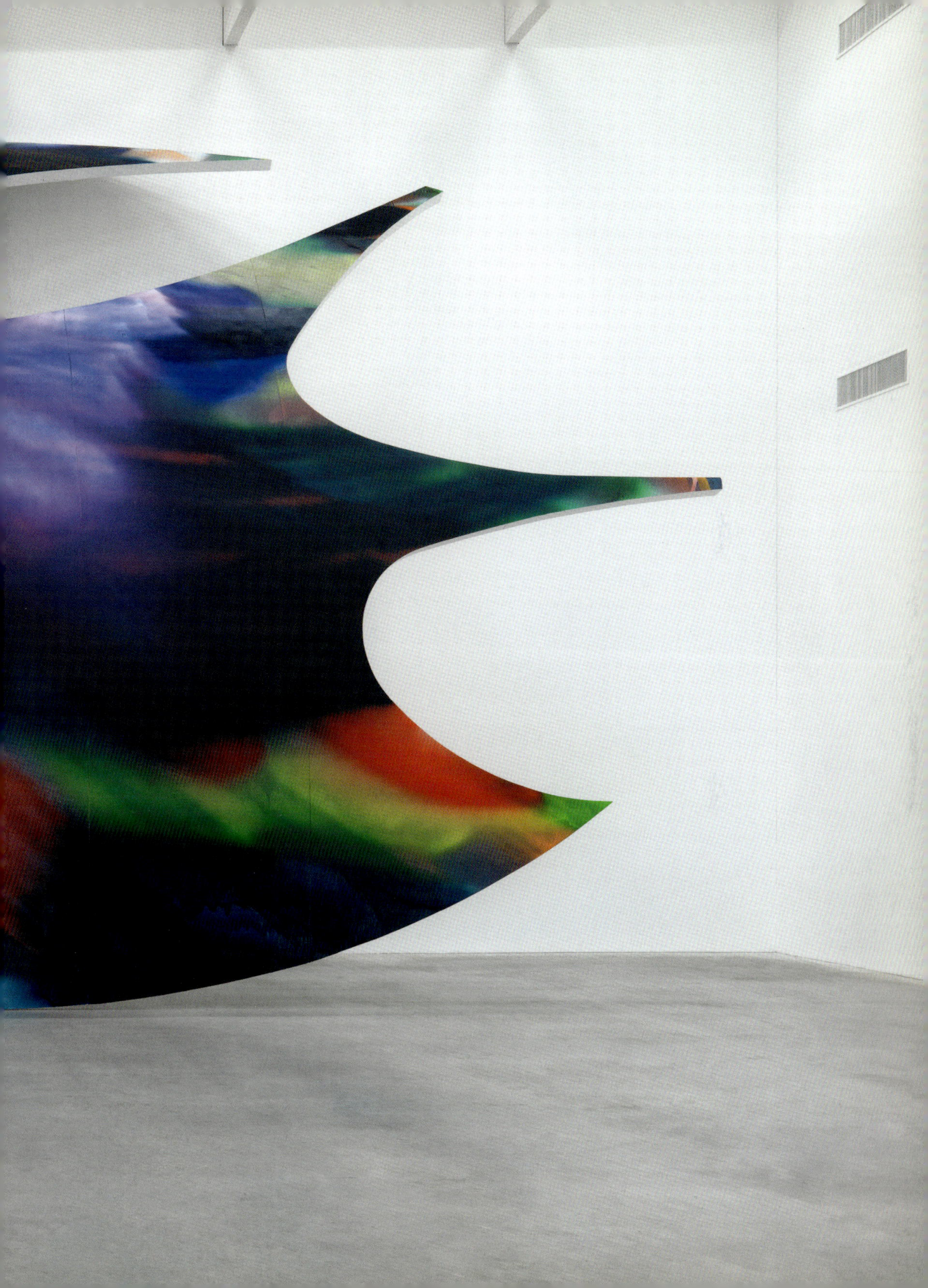

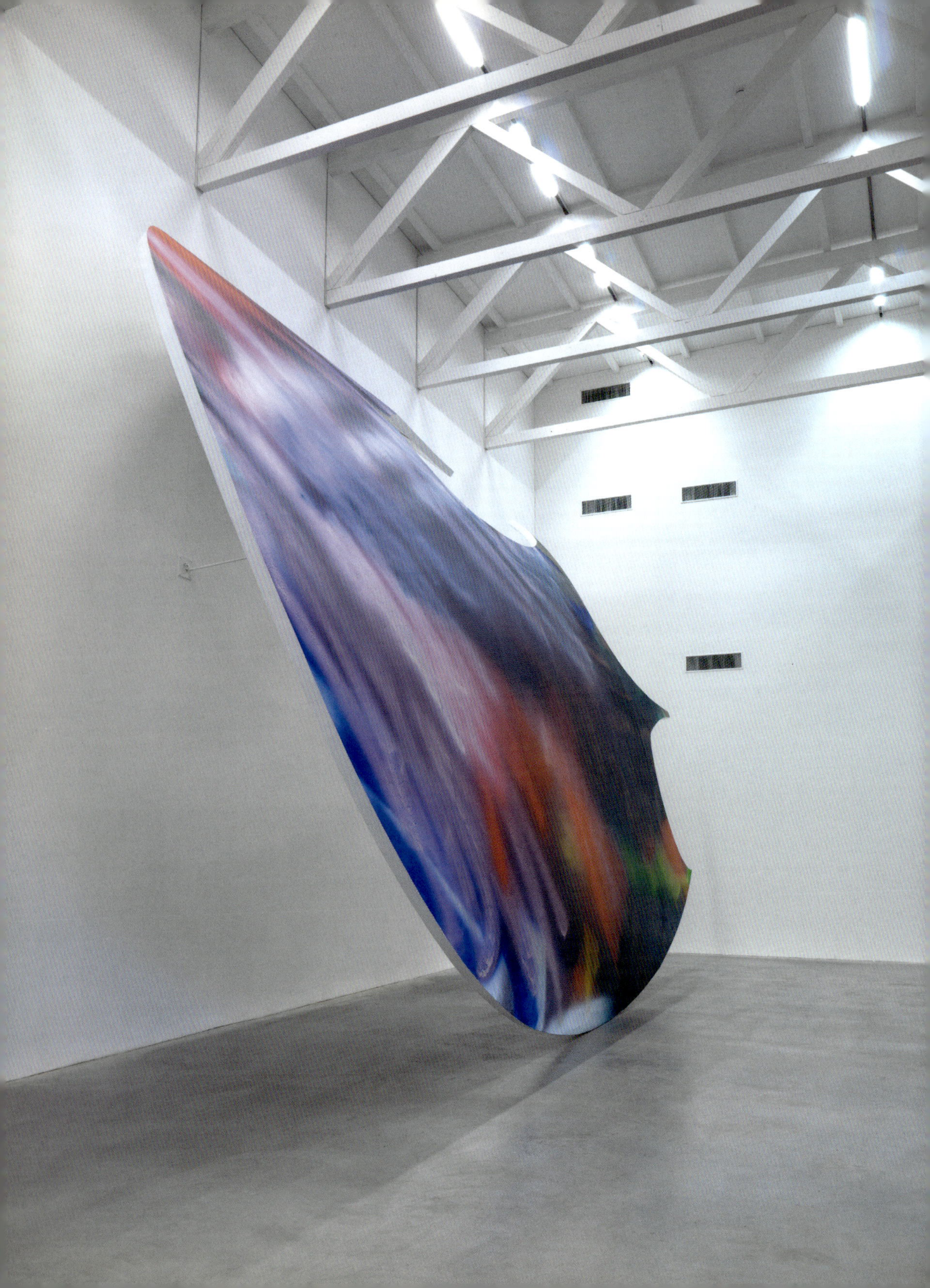

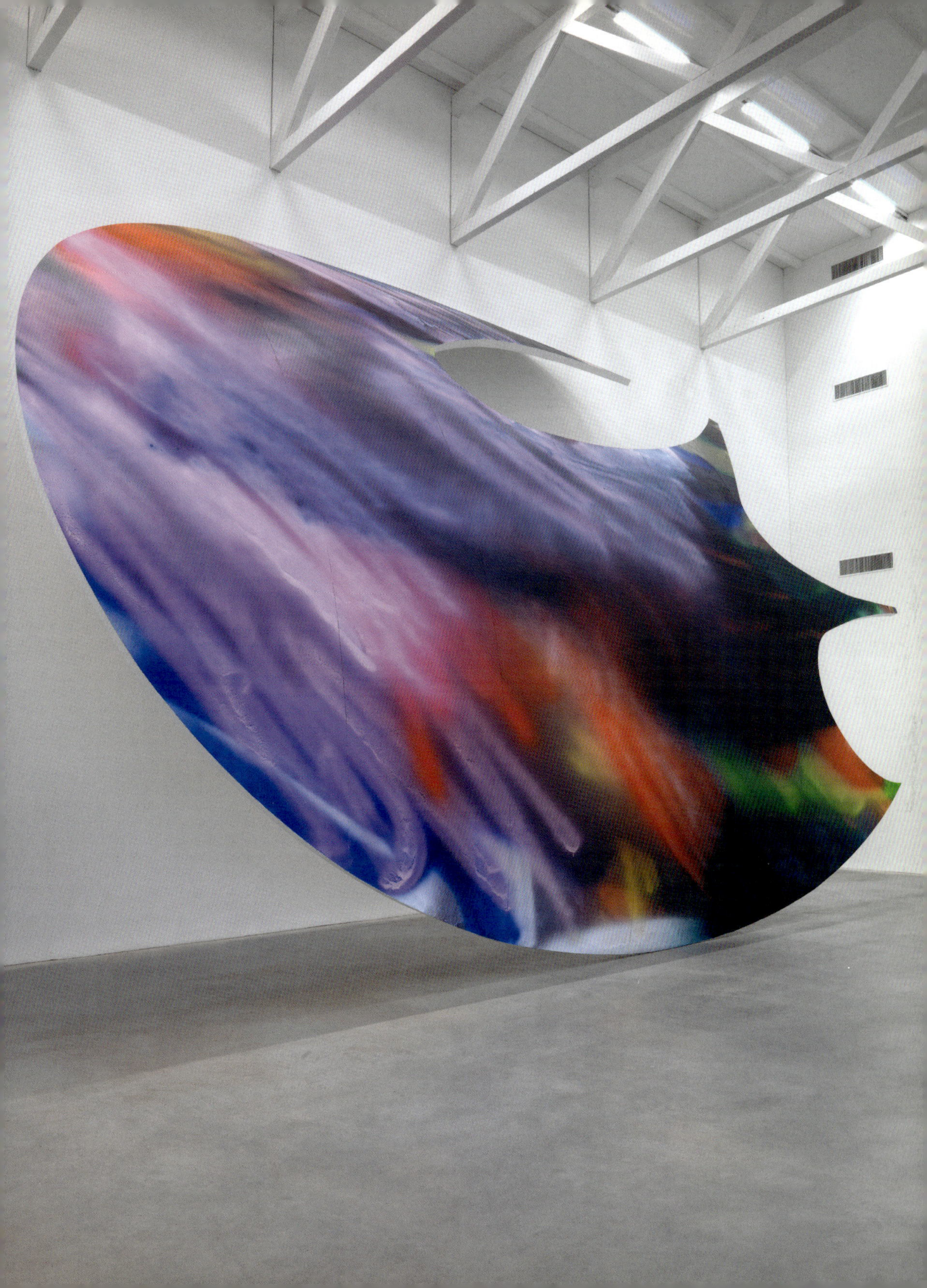

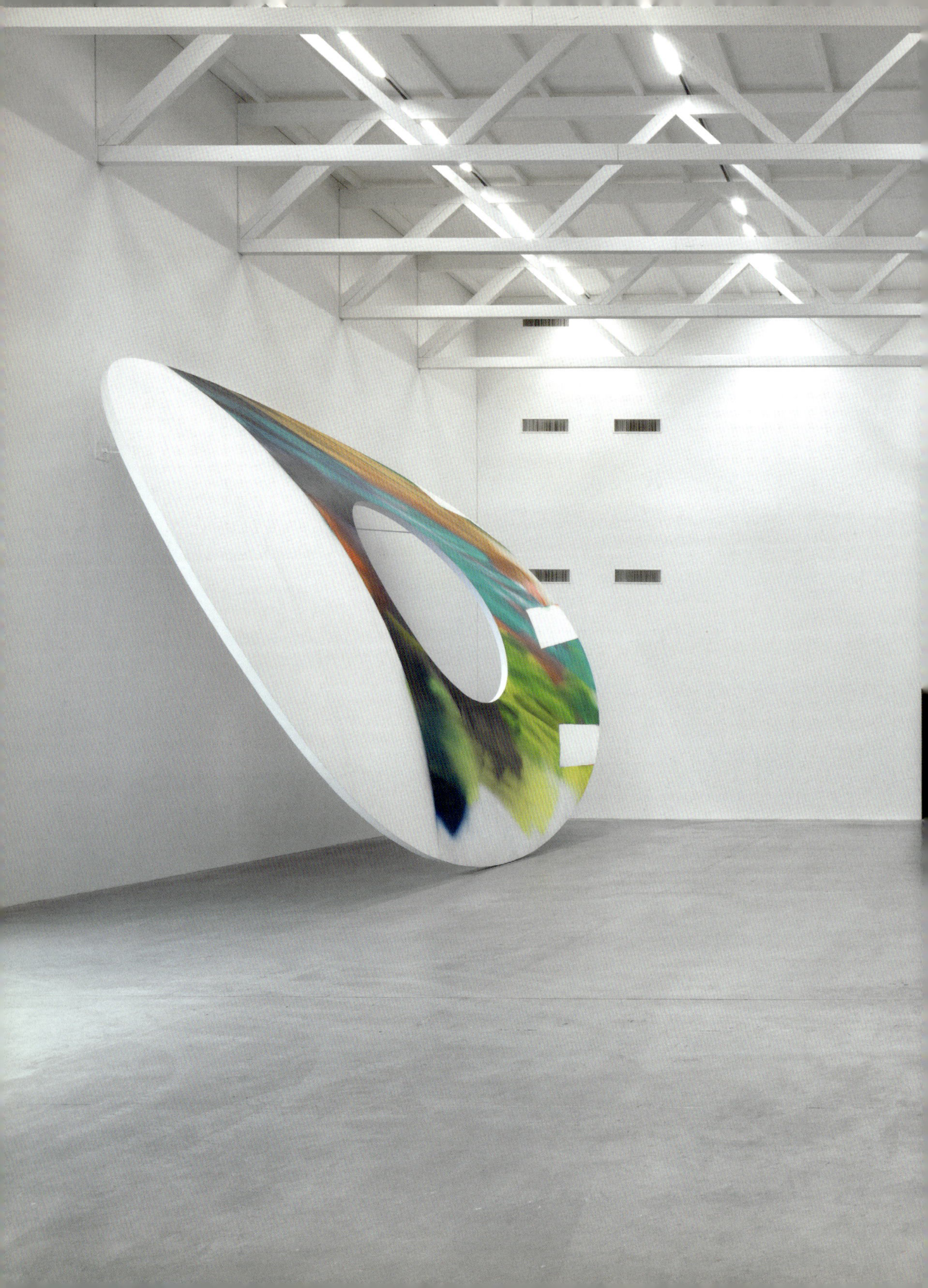

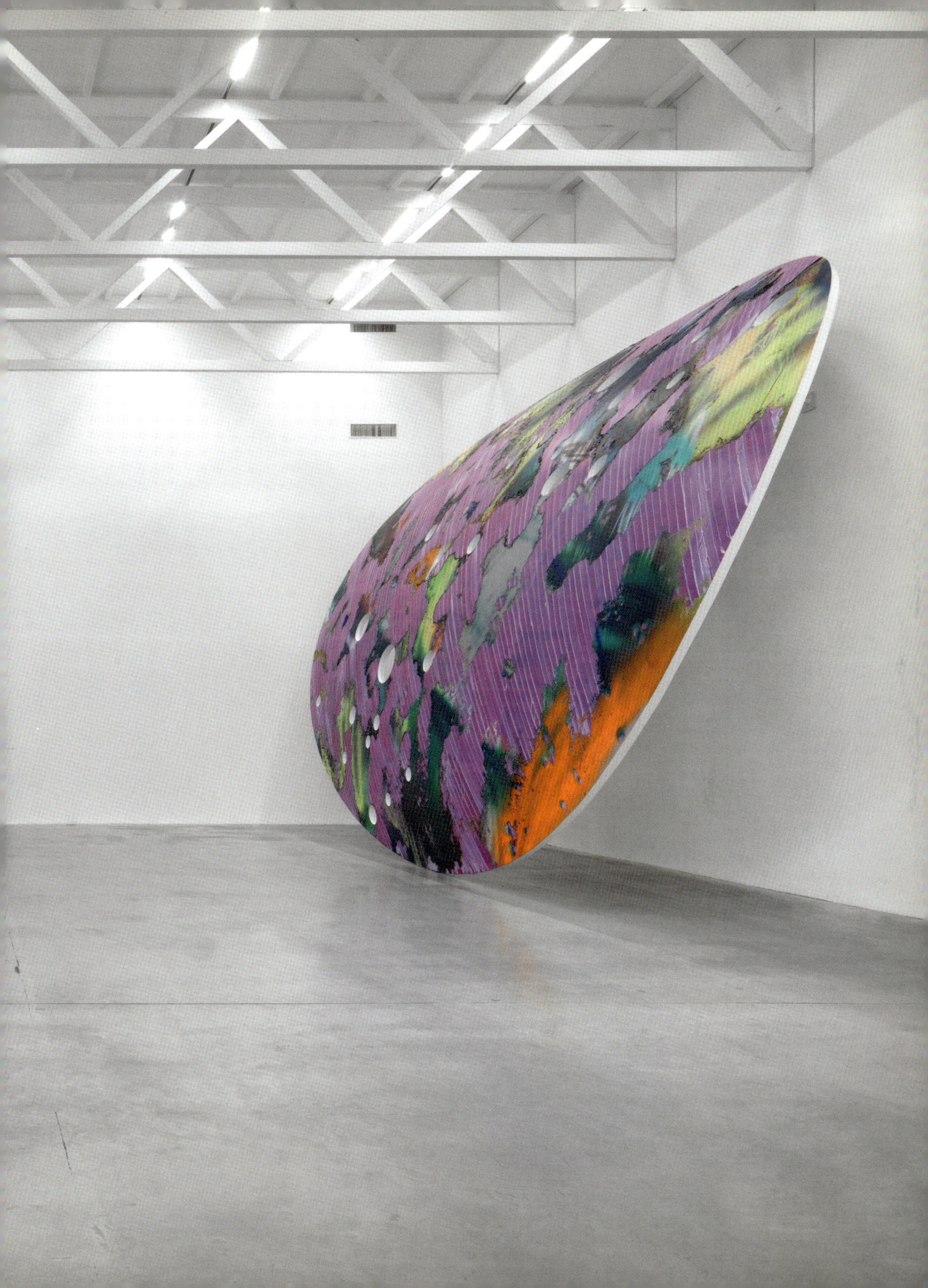

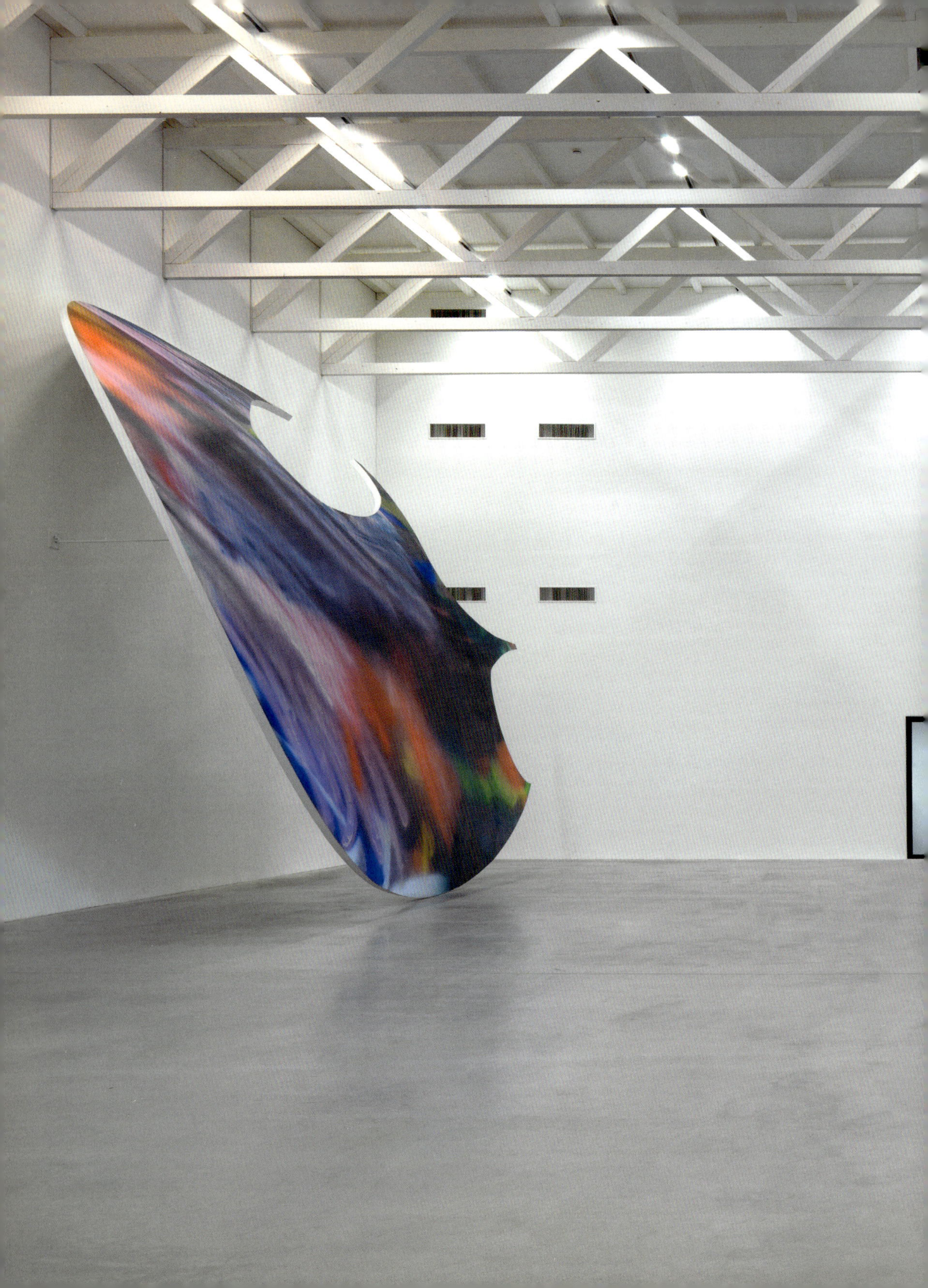

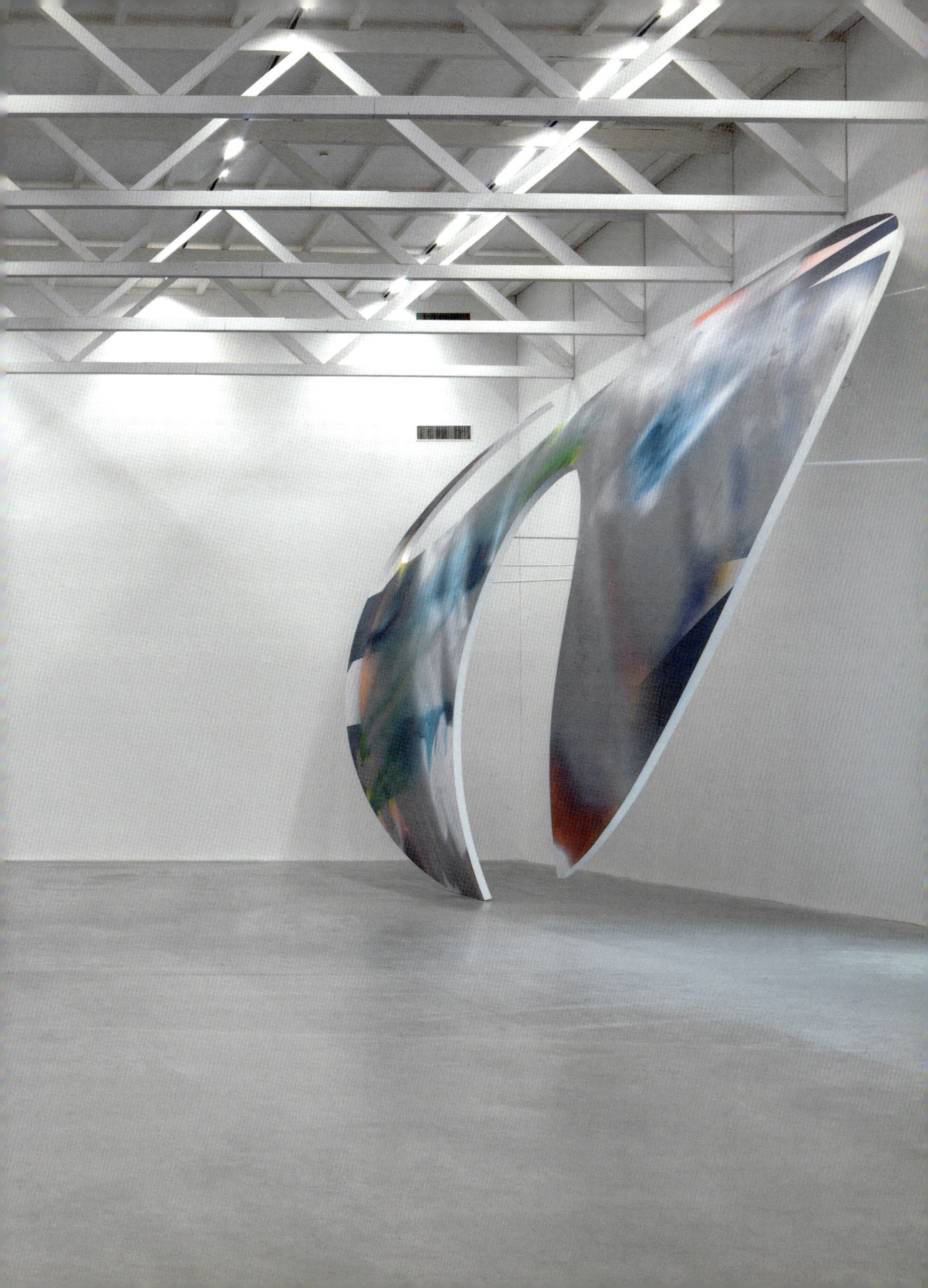

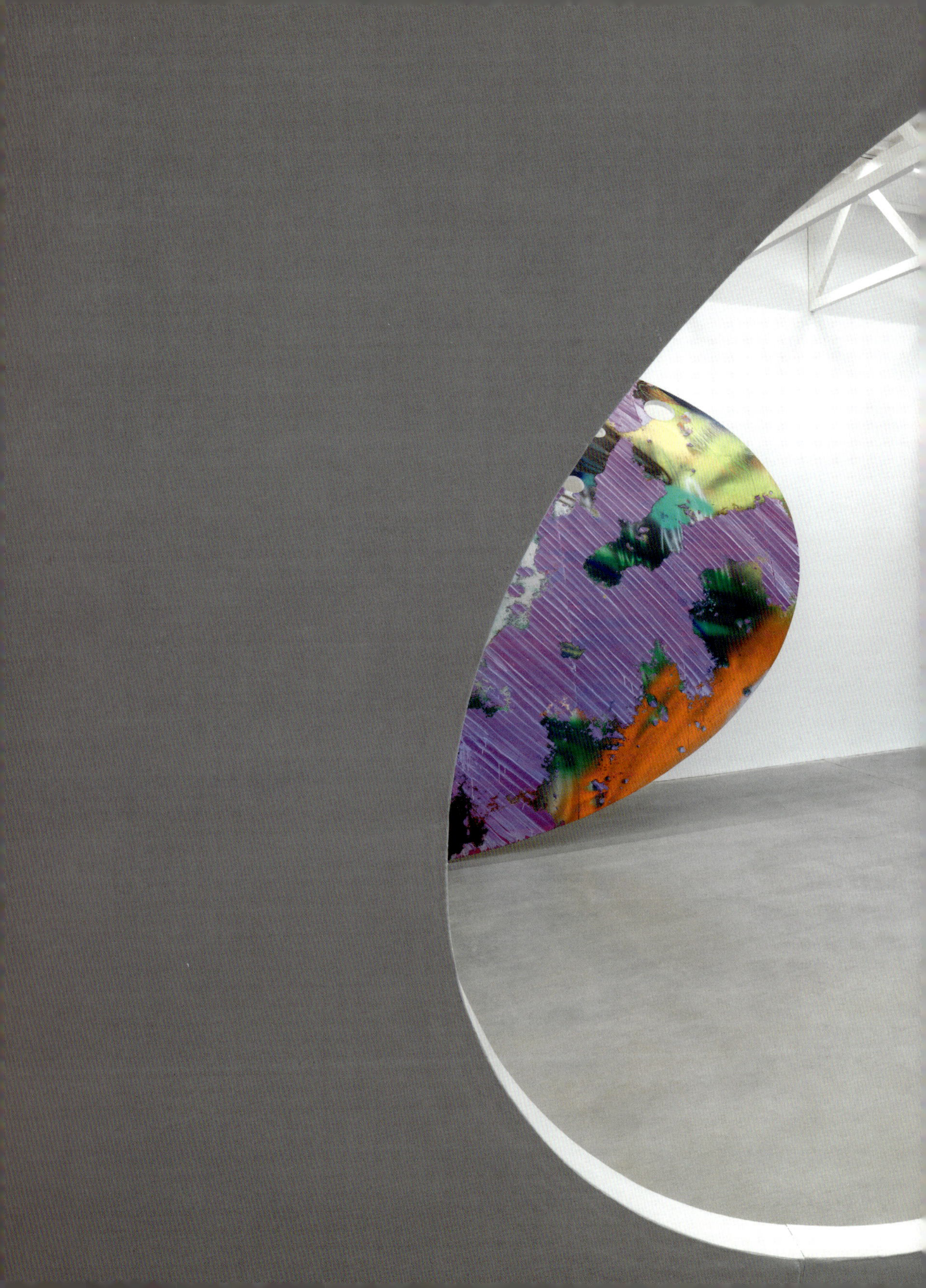

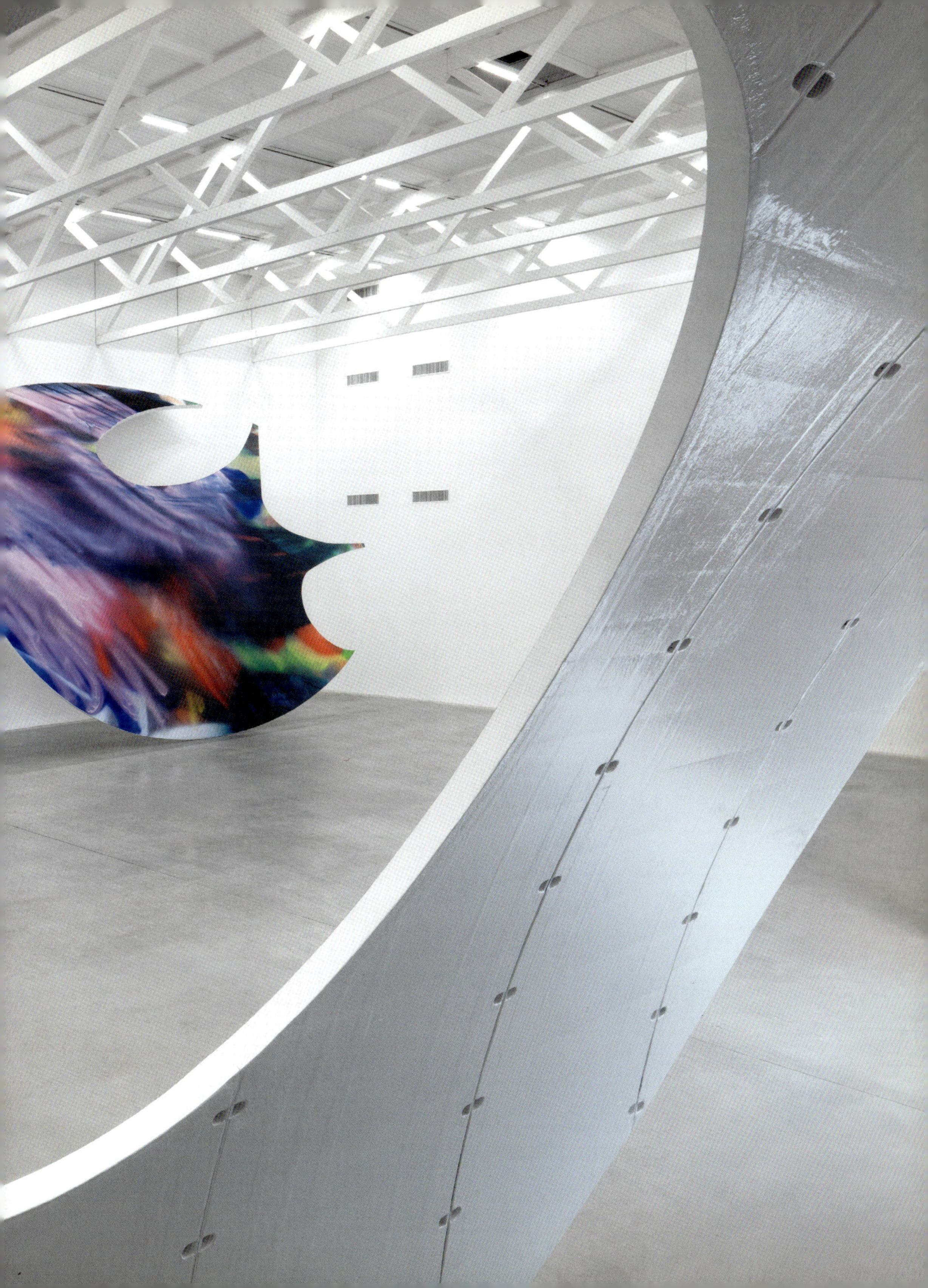

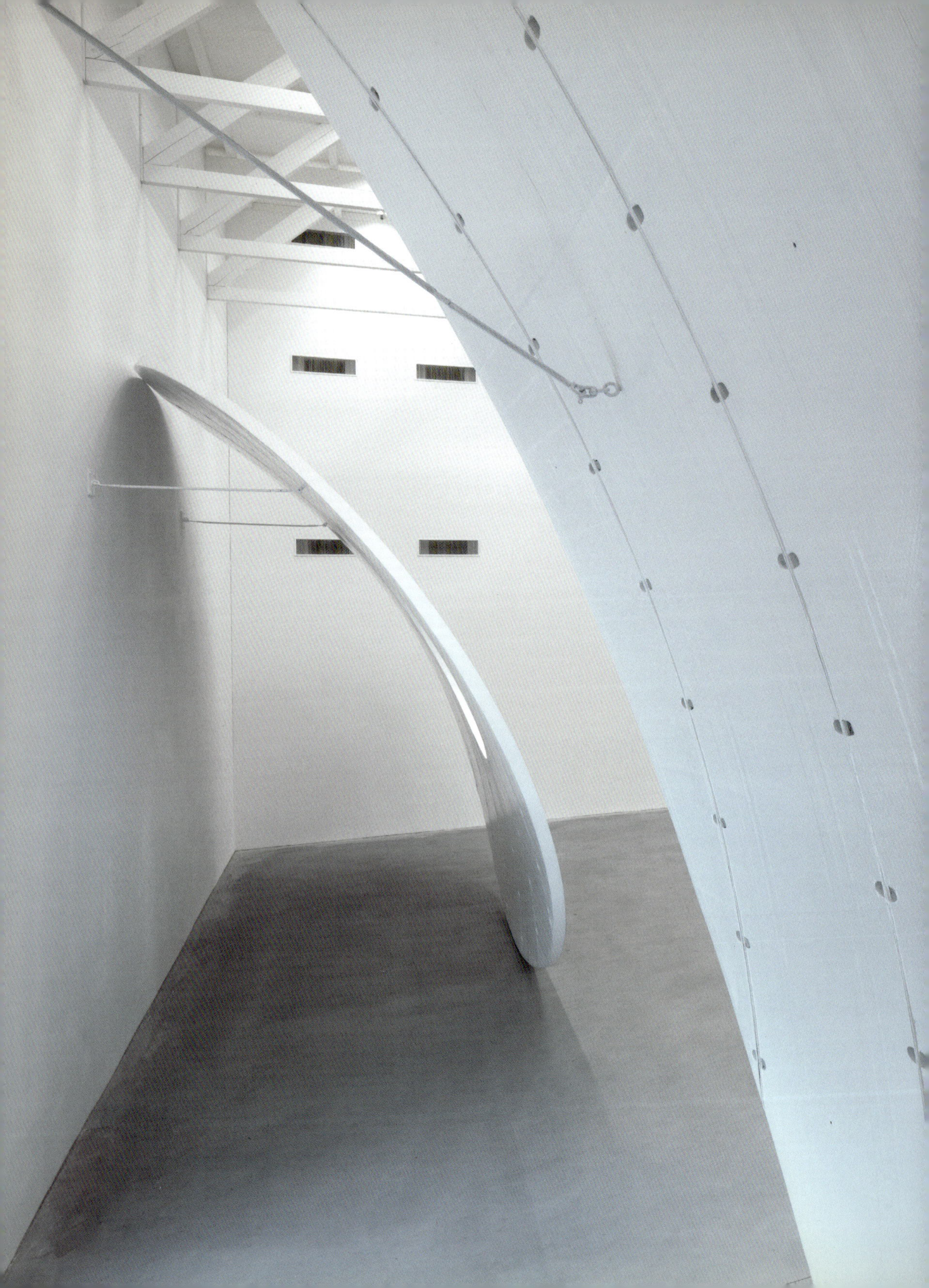

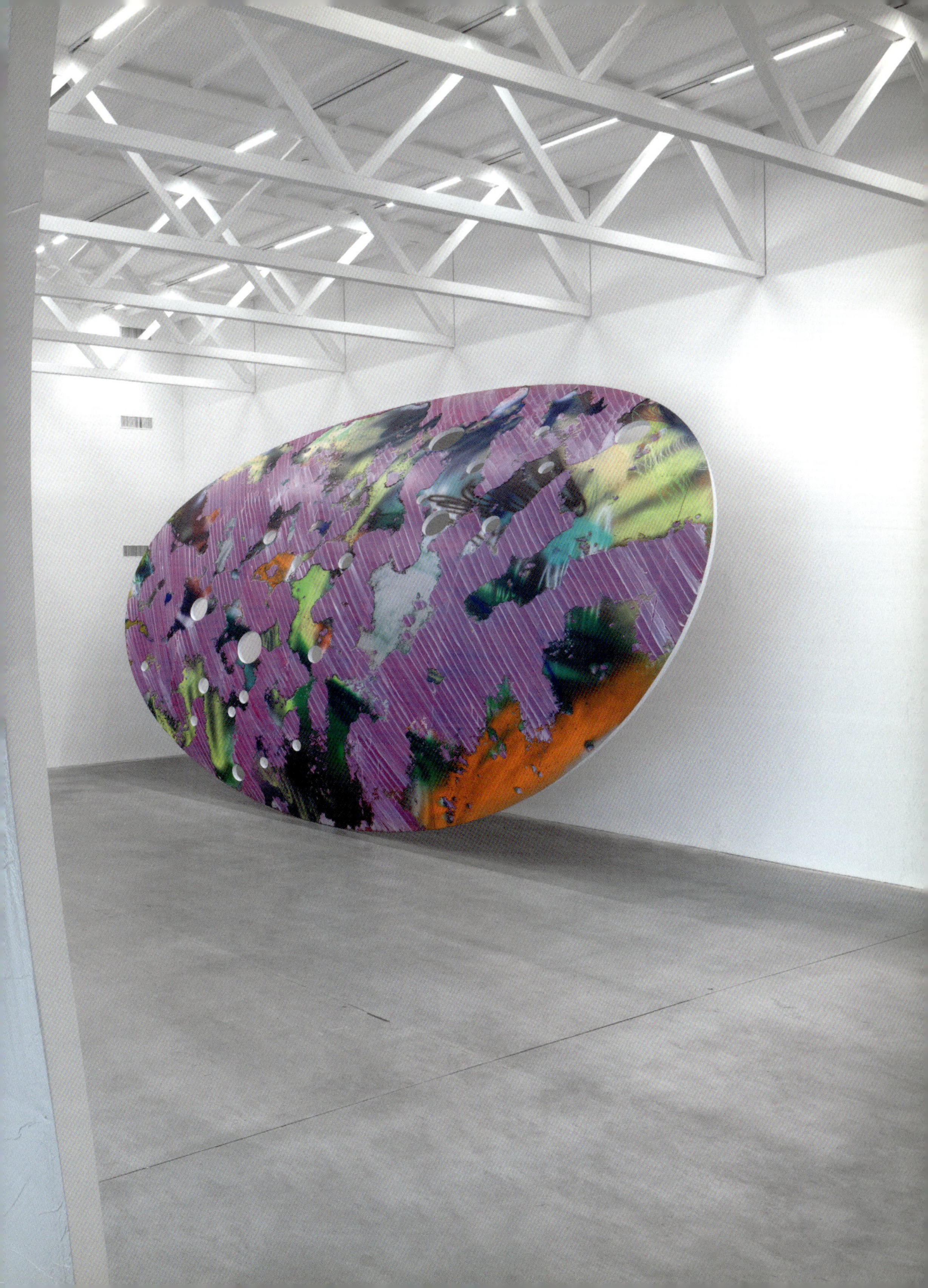

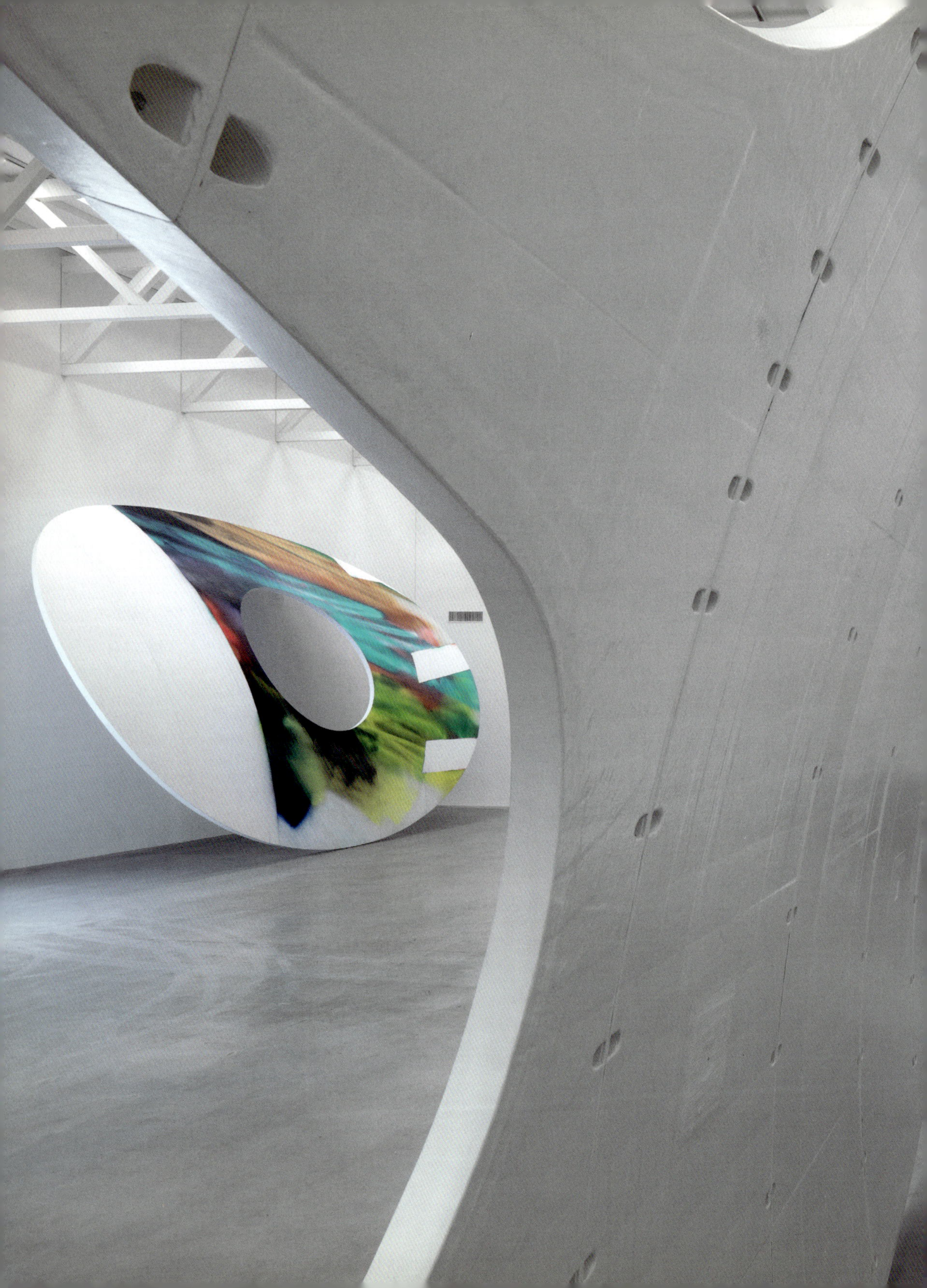

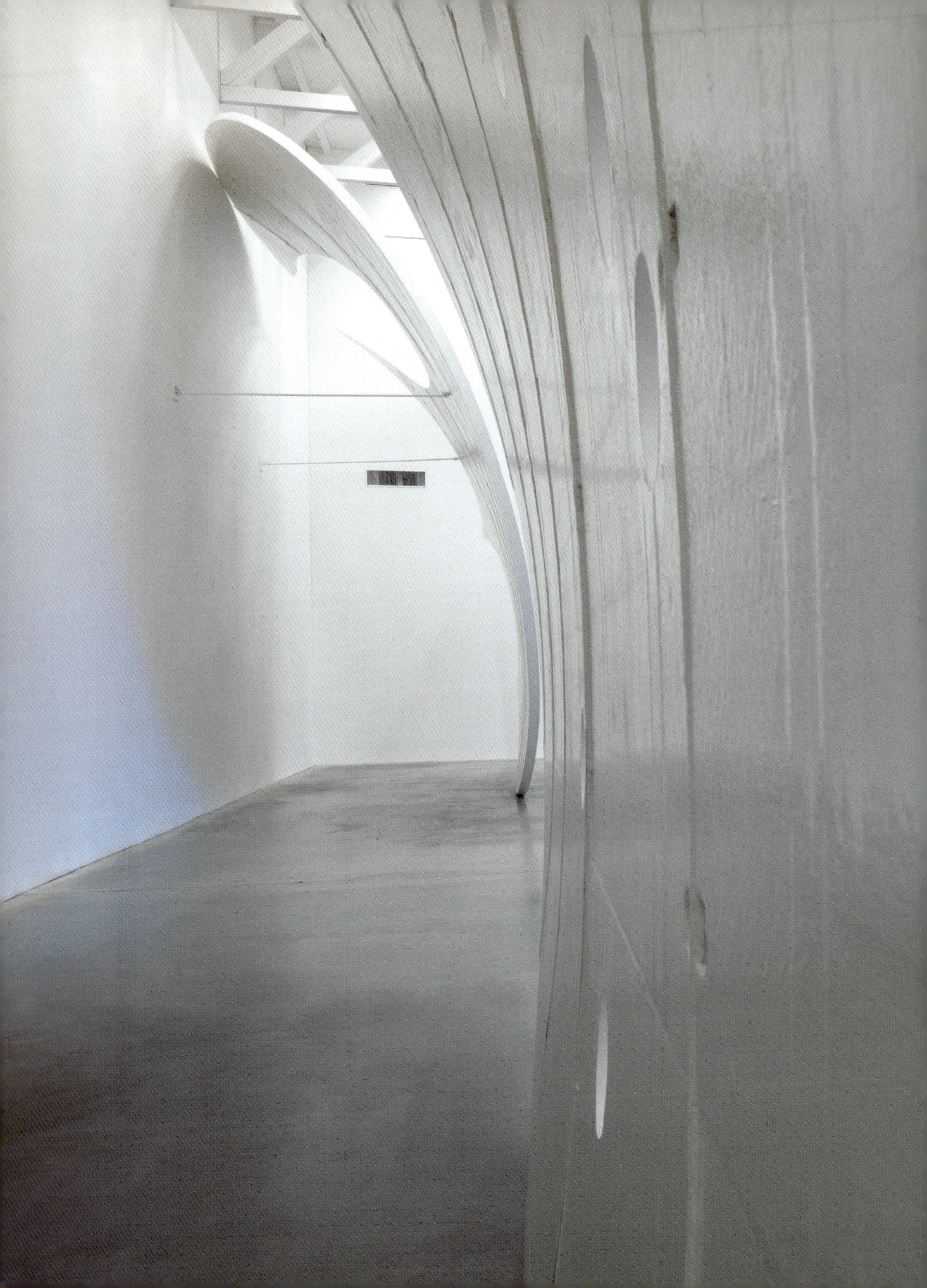

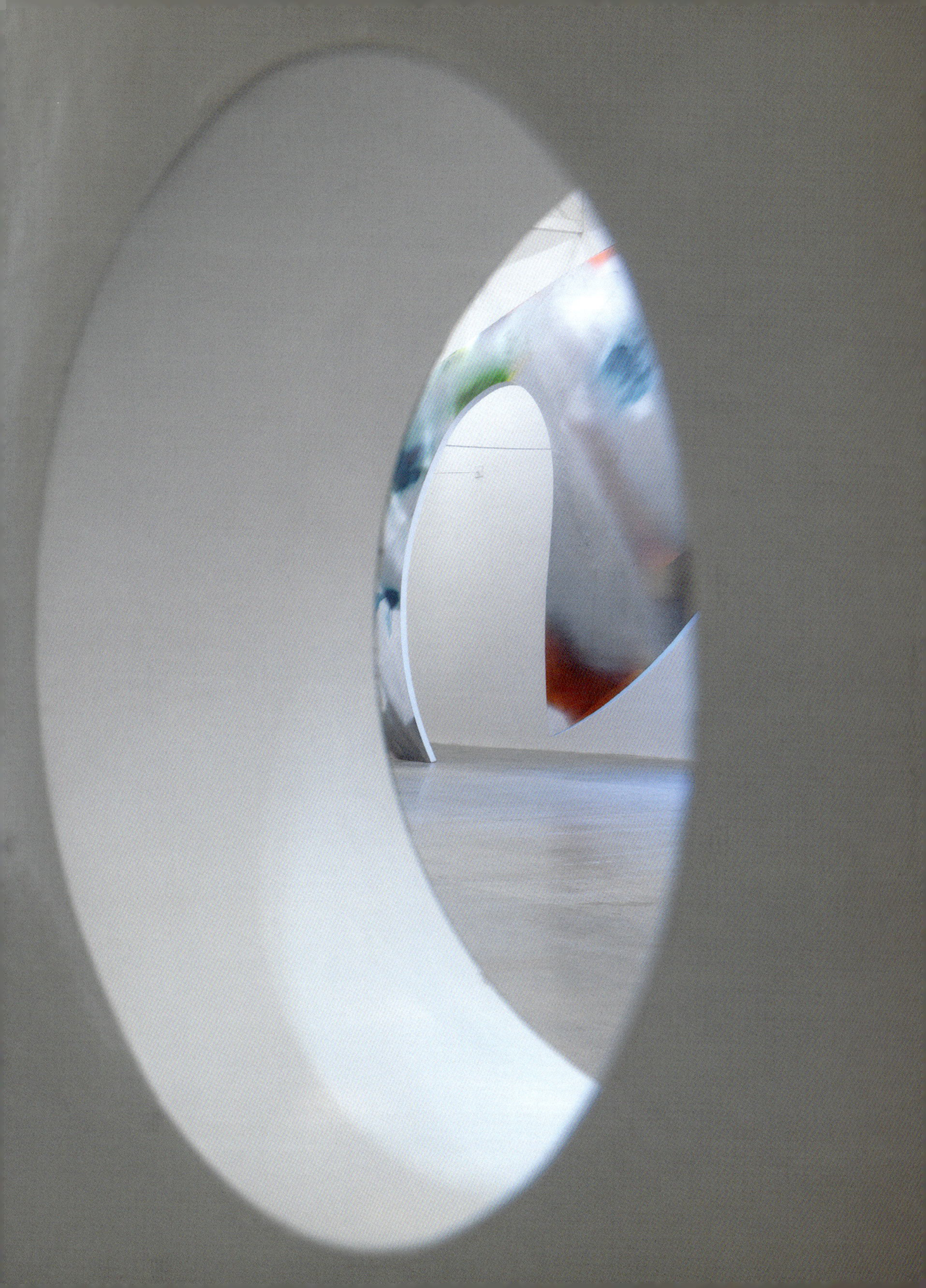

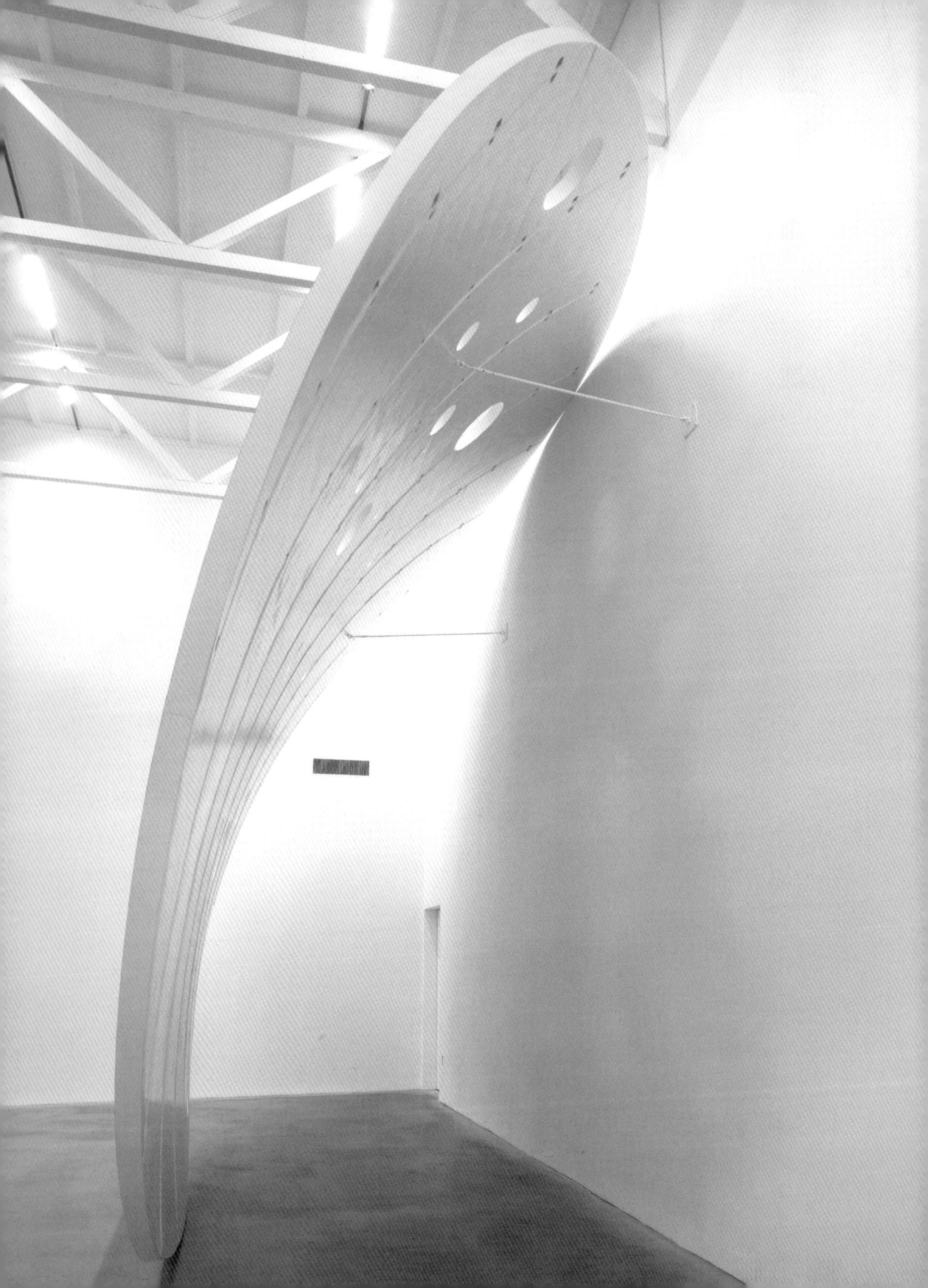

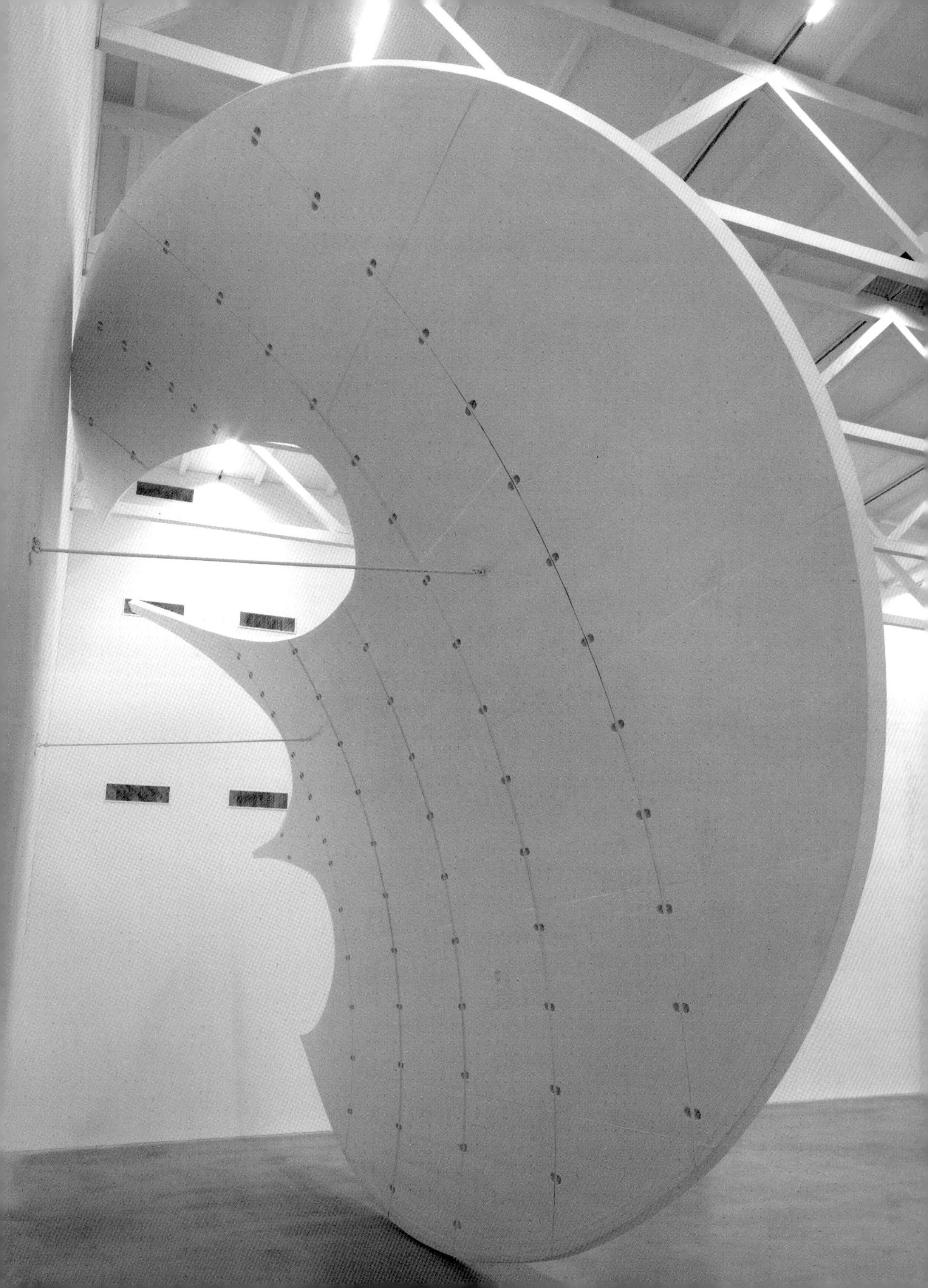

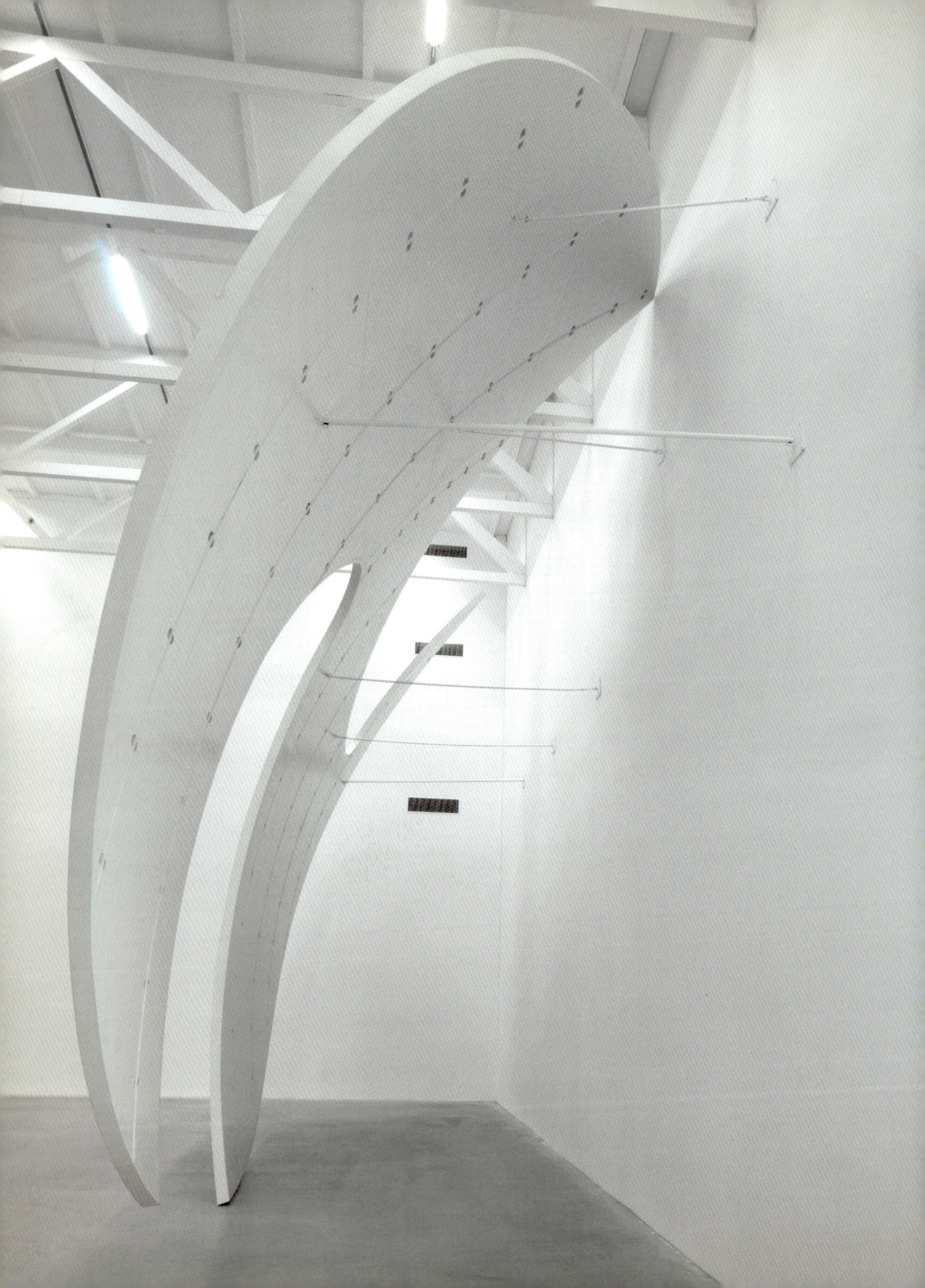

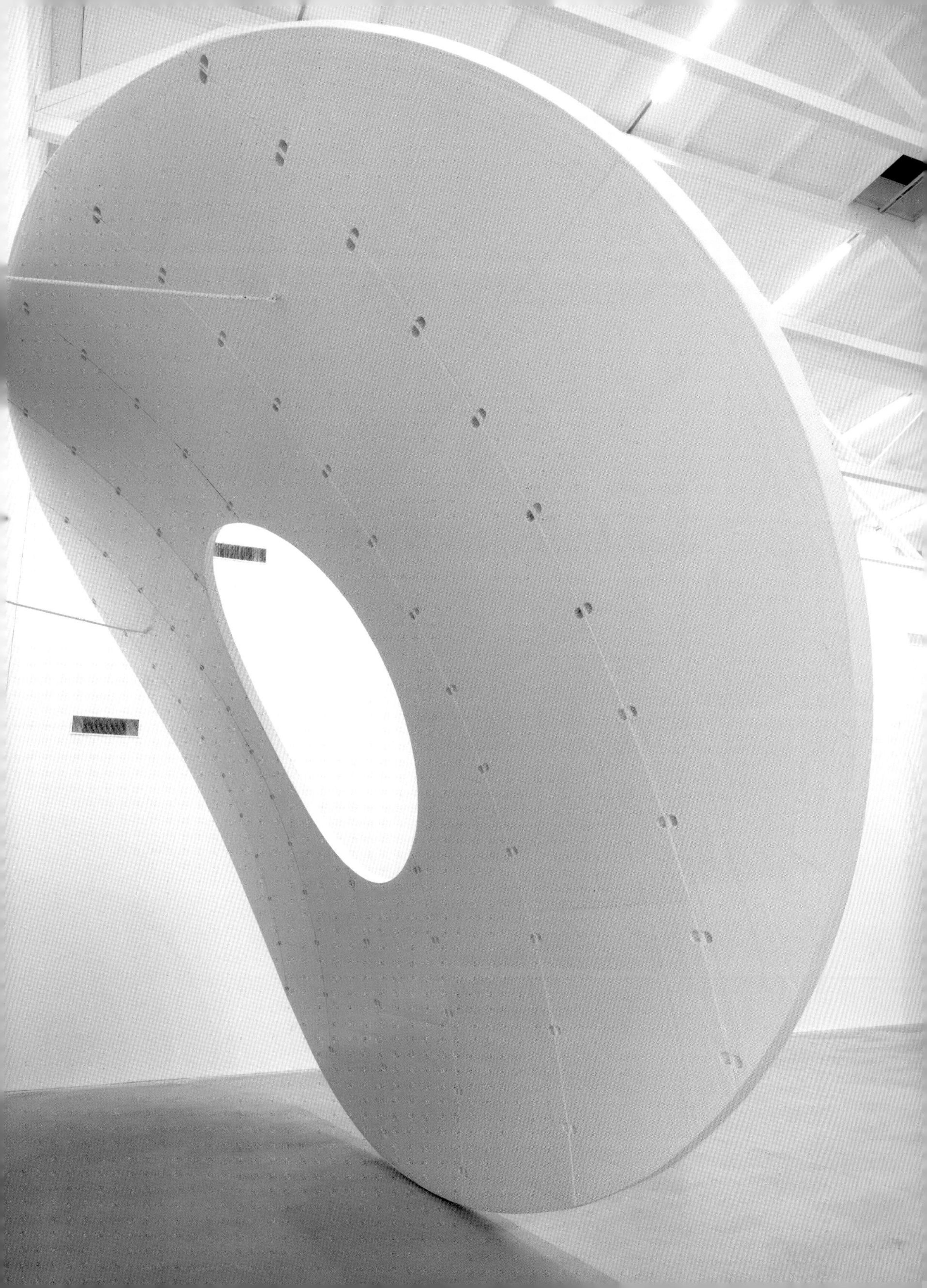

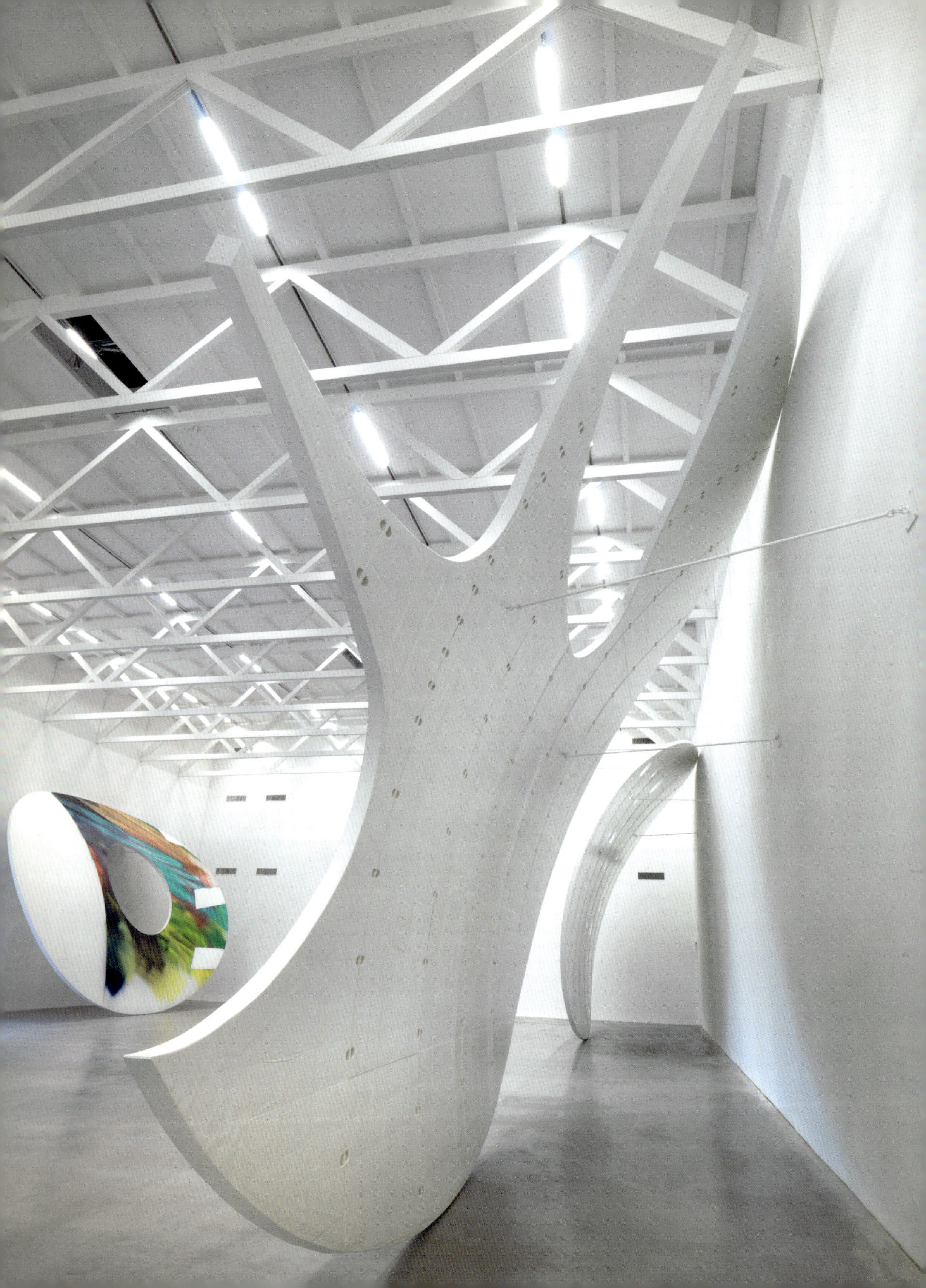

ZUR
THE
RELATIONALITÄT
RELATIONALITY
VON ABSTRAKTION
OF ABSTRACTION
UND
AND
ILLUSIONISMUS
ILLUSIONISM
EINE EINFÜHRUNG
AN INTRODUCTION

Alexander Koch

'Abstraktionen' entsprechen unserer Neigung, unsere Ansichten zu verallgemeinern. Sie in Koordinatensysteme einzupassen, die nach mehr klingen als nur nach einer persönlichen Meinung. 'Illusionismen' stehen dagegen für unsere Neigung und unsere Kunstfertigkeit darin, die Dinge als Erscheinungen aufzufassen. Als bloße Vorstellungen, von denen wir uns hinreißen lassen oder nicht. Beide scheinen schwer vereinbar: die Hoffnung, wir könnten etwas Endgültiges über die Welt herausfinden und in allgemeine Formeln fassen, und die Hoffnung, über die Welt und uns selbst sei das letzte Wort noch nicht gesprochen und es gäbe noch Spielraum für ungeahnte Möglichkeiten. Hier suchen wir Objektivität und verbindliche Prinzipien. Da sagt unsere Erfahrung, dass nichts einfach nur ist, was es ist, und wir halten Dinge für möglich und sogar für wirklich, die wir vor keiner höheren Wahrheit gerechtfertigt sehen und doch für unser Leben gelten lassen.

Oft wurden Abstraktion und Illusionismus als Gegensätze gesehen. So als könnte man sich auf eine von beiden Seiten schlagen, ob nun im ästhetischen Diskurs oder in gesellschaftspolitischen Fragen. Aber wir können uns nicht zwischen der Reduktion aufs Substanzielle und der Kultivierung unserer Fantasie entscheiden, als handelte es sich um zwei mehr oder weniger korrekte Darstellungsweisen der Wirklichkeit, zwischen denen wir wählen müssen. Wir finden die Wirklichkeit nicht fertig vor und entscheiden uns dann für eine richtige oder eine falsche Art, sie einzufangen. Unser Wissen ist perspektivisch. Was wir von der Welt und von uns Selbst erkennen, hängt von unserem Blickwinkel ab. Von den Ausgangsbedingungen, den Instrumenten und den Zielsetzungen, mit denen wir auf beides zugehen. Da diese aber veränderbar sind, trifft dasselbe auch für die Wirklichkeit zu, in der wir leben.[1]

Das hat Konsequenzen. Etwa für unser Konzept von Rationalität. Was kann ich 'wissen', wenn die kategoriale Unterscheidung zwischen Sein und Schein ausfällt? Wenn Abstraktion und Illusionismus selbst vom Blickwinkel abhängen, aus dem wir schauen, und somit keine abschließenden Kriterien für die erkenntnismäßige Orientierung unserer Wahrnehmung liefern, sondern als simultane Motoren der Wirklichkeitsproduktion zusammenspielen. Und was sind dann Kriterien für mein Handeln, wenn wir ethische Grundsätze als Produkte unserer Vorstellungskraft, nicht als Ableitungen aus universellen Prinzipien betrachten? Wie Politik machen, wenn sich wesentliche Fragen – zum Beispiel der Abwägung zwischen ökologischen und sozialen Zielen – statt generell und ideologisch nur noch situativ entscheiden lassen? Und was wird aus unserer 'Individualität', wenn der substanzielle Kern des Subjekts eine abendländische Fiktion ist?

Zu diesen epistemologischen und zugleich unmittelbar alltagsrelevanten Fragen, in denen sich die sogenannte 'performative Wende' unseres Wirklichkeitsverständnisses zeigt, hat sich Katharina Grosses künstlerisches Werk in den vergangenen Jahren deutlich positioniert. Während besorgte Gemüter um unsere Urteilsfähigkeit, um die Verbindlichkeit sozialer Übereinkünfte oder um die Integrität ihres ‚Ichs' fürchteten, tritt Grosse für eine progressive intellektuelle Haltung ein, die den Verlust an allgemein verbindlichen Kategorien der Erkenntnis und letztlich der Lebensführung herzlich bejaht. Sie erkennt in der Sprunghaftigkeit rationaler und affektiver Bewegungen eines Denkens und Handelns, das sich aus Verallgemeinerungen lösen und wechselnde Perspektiven einnehmen kann, das Versprechen auf Befreiung aus einer normierten Wirklichkeitskonzeption und der sozialen Stagnation, die diese mit sich bringt. Grosses Bilder und Ausstellungen lassen verschiedene formale Systeme und bildnerische Prinzipien gleichzeitig gelten und veranstalten deren Koexistenz für einen Blick, der lustvoll zwischen ihnen navigieren, sie aber auf keinen Nenner bringen kann, weil es keinen gibt.

Die simultane Gültigkeit von Systemen und Prinzipien, Erfahrungen und Argumenten, die als unvereinbar gelten, klingt für unseren auf Kausalität und Kohärenz gegründeten Rationalismus noch immer abwegig, tatsächlich bestimmt sie aber längst unser Leben. Und offensichtlich kommen wir damit klar. Grosse zeigt mit den Mitteln der Kunst – Raum, Material, Farbe – dass diese Simultanität keinen Verlust an Erkenntnis und Orientierung bedeutet, denn wir können immer noch ganz gut ein Rot von einem Violett, einen Farbspritzer von einem Kieselstein und Oben von Unten unterscheiden – allerdings nicht *grundsätzlich*. Unser Wissen ist situativ, und wir bilden Kriterien, die innerhalb einer eingenommenen Perspektive Gültigkeit besitzen, aber vielleicht nicht darüber hinaus. In Grosses Installationen wird binnen einiger Schritte und Blicke schnell ein Rot zu einem Violett, ein Steinchen zu einem Farbspritzer, und räumliche Hierarchien kehren sich um. Faktenwissen und bloßer Eindruck zeigen sich als relativ. Nicht, weil Grosse trickst. Sondern weil sich unser Standpunkt ändert.

Katharina Grosse ruft Szenarien der Relationalität von Abstraktionen und Illusionismen auf den Plan, die sich an die beobachtende Bewegung eines emanzipierten Betrachters wenden. Damit steht sie nicht allein. Als ästhetisches Programm wie auch als gesellschaftspolitische Haltung setzt sich ein relationales Verständnis unserer Erkenntnisse und Überzeugungen immer mehr durch. Die folgenden vier Texte zeigen, welche Konsequenzen – und welchen emanzipativen Gewinn – eine relationale Bestimmung von Abstraktion und Illusionismus nach sich ziehen kann. Sie tun dies aus vier verschiedenen Blickrichtungen, die den engen Bereich der bildenden Kunst verlassen und die Relevanz des Themas für die Literaturwissenschaft, die Theaterwissenschaft, die Journalistik und für an eine kritische Urbanistik angelehnte Raumtheorien kenntlich machen.

Uta Degner erinnert an Friederich Hölderlin, den um 1800 die erdrückende Last der literarischen Tradition vor das Dilemma stellte, weder die Sprache der ihm vorangegangenen Dichter nur übernehmen, noch sie gänzlich verwerfen zu wollen. Er wählte den Dritten Weg einer Poesie, welche die Worte aus ihrer abbildenden Funktion befreit und ihre Bedeutung der „offenen Dynamik" dichterischer Bewegungen übergibt, die ihre Gegenstände aus wechselnden Perspektiven betrachten und dabei immer neu als lyrische Artefakte entwerfen.

Mit Blick auf die gegenwärtige Erneuerung barocker Raumkonzepte zeigt Laura Bieger, dass die illusionistische und manipulative Verschränkungen von Bildraum und Realraum längst in der Alltagswahrnehmung angekommen ist. Man denke an Shopping Malls. Statt aber Realitätsverlust zu befürchten, sieht Bieger in der Pendelbewegung zwischen dem lustvollen Sich-Einlassen auf Raumillusionen und der kritischen Distanzierung von ihnen die Chance einer „Kritikfähigkeit der relativen Distanz", die der heutigen Wirklichkeitskonzeption besser entspricht als der Versuch kühler Objektivität.

Gerd G. Kopper zeichnet auf, wie sehr der Mythos des Journalismus als moderne „Seins-Instanz" auf dem Verschweigen seiner Abstraktionen und Illusionismen beruht. Tatsächlich beobachtet Kopper ein Ansteigen des Abstraktionsgrades von „Berichterstattung" im Zuge von deren Automatisierung. Statt ein Plus an Objektivität geht damit aber ein gesteigerter Illusionismus einher, der auf den impliziten Gebrauchsregeln beruht, mit denen die Öffentlichkeit dem „Formenwandel der technischen Massenmedien" folgt und diese als „Wirklichkeitsmaschine" akzeptiert.

Antje Dietze macht die Abhängigkeit jeder Repräsentation – wie auch ihrer Klassifizierung als ‚abstrakt' oder ‚illusionistisch'– vom Betrachter explizit. Dessen Anwesenheit erzeuge eine unauflösbare Verdoppelung jeder Darstellung in dasjenige, was dargestellt wird und in dasjenige, das darstellt. In Grosses „widerstreitenden räumlichen Ordnungen" sieht die Autorin eine „analytische Zerlegung" jener Verdoppelungseffekte, die Grosses eigene Malerei selbst hervorruft, und erkennt darin eine dezidiert reflexive Haltung gegenüber dem Einsatz illusionistischer Mittel, gerade angesichts ihrer Effizienz.

[1] Ich folge hier der Argumentation Richard Rortys in: Ders., *Contingency, Irony and Solidarity*, Cambridge 1989, S. 3–22.

'Abstractions' suit our tendency to generalize our views, to fit them into coordinate systems that make them seem more than just personal opinions. Illusionisms on the other hand represent our proclivity and skill for grasping things as appearances, as mere ideas that we let ourselves be carried away by or not. The two seem hard to reconcile: the hope that we can discover something final about the world and express it in general formulas, and the hope that the last word about the world and ourselves has not yet been uttered and that there is room for undreamt-of possibilities. On the one hand, we seek objectivity and binding principles. On the other, our experience tells us that nothing is simply what it is, and we consider as possible and even real things that are justified by no higher truth and yet which nonetheless hold for our lives.

Abstraction and illusionism have often been held to be opposites, as if one could take sides with one of them, whether in aesthetics or in sociopolitical issues. But we cannot view the reduction to the substantial and the cultivation of imagination as if they were two essentially 'correct' modes of representing reality between which we must choose. We do not encounter reality as a finished product and then decide on the right or wrong way of apprehending it. Our knowledge is perspectival. What we know of the world and ourselves depends on our point of view, and on the initial conditions, instruments, and goals with which we approach the world and ourselves. But since these perspectives vary, so does the reality in which we live.[1]

This has consequences for our concept of rationality, for instance. What can I 'know' when the categorial distinction between reality and appearance no longer holds, when abstraction and illusionism themselves depend on the angle we view things at and hence provide no ultimate criteria for the epistemological orientation of perception, but are more like dual engines of reality production? And what are my criteria for action when ethical precepts are no longer seen as derived from universal principles but as products of the imagination? How can we conduct politics when substantive issues such as the balancing of ecological and social goals cannot be generally and ideologically but only situationally decided? And what will become of our 'individuality' if the core substance of the subject is an occidental fiction?

Katharina Grosse's artistic work over the past years has positioned itself clearly vis-à-vis these questions of epistemological and immediate everyday relevance, where the so-called 'performative turn' in how we grasp reality comes to the fore. While anxious spirits fear for our power of judgment, for binding social agreements, or the integrity of their egos, Grosse espouses a progressive intellectual stance that heartily affirms the loss of universally valid epistemological categories, as well as of those pertaining to the conduct of life. For Grosse, the volatility of rational and affective fluctuations of thought and action that free themselves from generalizations and adopt changing points of view promises liberation from a standardized conception of reality and the social stagnation it entails. Her pictures and exhibitions allow different formal systems and visual principles to register simultaneously, staging their coexistence for an eye that roams eagerly among them but can never discover a common denominator, because none exists.

That systems and principles, experiences and arguments generally considered irreconcilable may be simultaneously valid sounds off-key to our rational minds, based as they are on causality and coherence, yet in fact this simultaneity already determines our lives. And clearly we get along with it. With the means of art—space, material, color—Grosse shows that no loss of knowledge or orientation is implied by this simultaneity, for we can still perfectly well distinguish red from violet, a splash of paint from a pebble, and above from below, albeit not categorically. Our knowledge is situational, and the criteria we form are valid based on the particular perspective we take but not necessarily from another perspective. Only a few paces, or glances, suffice in Grosse's installations and red turns to violet, a pebble becomes a paint splash, and spatial hierarchies are reversed. Factual knowledge and mere appearance prove relative, not because Grosse plays tricks on us, but because our point of view changes.

Grosse stages scenarios of the relationality of abstractions and illusionisms that address the observant movement of an emancipated viewer. Nor is she alone in doing so. A relational understanding of our knowledge and convictions is increasingly gaining ground, both as an aesthetic program and as a sociopolitical stance. The following four texts show the consequences and the emancipatory rewards that a relational determination of abstraction and illusionism can entail. They do so from four different points of view that leave the narrow sphere of the visual arts behind to illustrate this subject's relevance for literature, the stage, journalism, and for theories of space relating to critical urbanism.

Uta Degner reminds us that Friedrich Hölderlin, oppressed by the burden of literary tradition around 1800, was faced with the dilemma of neither wanting simply to adopt the poetic language of his precursors, nor to reject it outright. He chose the third path of a poetry that liberates words from their representational function and locates their meanings in the "openly dynamic process" of poetic fluctuations that view their objects from varying angles, constantly projecting them as new lyrical artifacts.

With an eye on the current revival of Baroque concepts of space, Laura Bieger shows that the illusionistic and manipulative interweaving of image space and real space has long since entered everyday perception. Shopping malls are a prime example. But rather than fearing any reality loss, Bieger sees the pendulum swing between eager surrender to spatial illusions and a critical distancing from them as the chance for a "critical stance of relative distance" that fits current conceptions of reality far better than the attempt at cool objectivity.

Gerd G. Kopper registers the extent to which the modern myth of journalism as an "authority on reality" is based on the concealment of its abstractions and illusionisms. Kopper actually observes an increase in the abstractness of "news coverage" in the wake of its automation. What this ultimately entails is an increase not in objectivity but in an illusionism resting on the implicit rules of use with which the public responds to the "formal changes in the technological mass media" and accepts them as a "reality machine."

Antje Dietze reveals how every representation, as well as its classification as abstract or illusionistic, depends on the viewer. The viewer's presence generates an inexorable doubling of every (re)presentation into what is (re)presented and what does the (re)presenting. In Grosse's "conflicting spatial systems," Dietze detects an "analytical decomposition" of the effects of doubling that Grosse's own painting calls forth, and sees it as a decidedly reflective approach to the use of illusionistic means that is based on their very effectiveness.

[1] *I am following Rorty's line of argument here; see Richard Rorty,* Contingency, Irony and Solidarity *(Cambridge: Cambridge University Press, 1989), pp. 3–22.*

DICHTENDE
AUTHORING
WOLKEN
CLOUDS

Uta Degner

Am Ende des 18. Jahrhunderts schreibt Friedrich Hölderlin einem Freund, er „glaube an eine künftige Revolution der Gesinnungen und Vorstellungsarten, die alles bisherige schaamroth machen wird". Sein Wunsch nach einer Revolution sowohl des Denkens wie der Kunstpraxis speist sich aus der Erfahrung einer sozialen Erstarrung in toten Konventionen, die alles Lebendige zementiert und die lebendige Gegenwart unter der Last der Vergangenheit zum Erliegen bringt:

> [W]as allgemeiner Grund vom Untergang aller Völker war, nemlich, daß ihre Originalität, ihre eigene lebendige Natur erlag unter den positiven Formen und unter dem Luxus, den ihre Väter hervorgebracht hatten, [...] das scheint auch unser Schiksaal zu seyn, nur in größerem Maße, indem eine fast gränzenlose Vorwelt, die wir entweder durch Unterricht, oder durch Erfahrung innewerden, auf uns wirkt und drükt."[2]

Die „positiven Formen" sind kulturelle Produkte, deren zunehmende Anhäufung mehr und mehr erdrückend wirkt, statt zu einer gesellschaftlichen Belebung beizutragen: „Es scheint wirklich fast keine andere Wahl offen zu seyn, erdrükt zu werden von Angenommenem, und Positivem, oder, mit gewaltsamer Anmaßung, sich gegen alles erlernte, gegebene, positive, als lebendige Kraft entgegenzusezen."[3] Hölderlin will keine der beiden Alternativen, die für ihn keine solchen sind; er will weder in Demut vor dem schon Geleisteten verstummen, noch sich selbst mit und als Gewalt an die Stelle des Alten stellen.

Das epochemachende Moment von Hölderlins Poetik wird darin bestehen, gegenüber diesem Dilemma einen dritten Weg zu begehen, den er in einem Stichwort als „reelle Wechselvereinigung"[4] benennt. Die Idee einer „Wechselvereinigung" formuliert eine Lösung jenseits der „reinen Richtung" entweder einer knechtischen Nachahmung oder einer schlichten Abwehrreaktion „gegen alles erlernte". Hingegen sollen die überlieferten Gebilde der Tradition durch einen neuen Gebrauch (wieder-)belebt werden. Aber wie lassen sich Gebilde schaffen, die nicht ihrerseits zu saturierten Kulturprodukten werden, sondern lebendig bleiben?

Im Beginn seiner Elegie „Heimkunft. An die Verwandten" (1802) verdichtet Hölderlin einige zentrale Darstellungsprinzipien seiner ‚revolutionären' Poetik zu einem Landschaftsbild:

> Drinn in den Alpen ists noch helle Nacht und die Wolke,
> Freudiges dichtend, sie dekt drinnen das gähnende Thal.
> Dahin, dorthin toset und stürzt die scherzende Bergluft,
> Schroff durch Tannen herab glänzet und schwindet ein Stral.
> Langsam eilt und kämpft das freudigschauernde Chaos,
> Jung an Gestalt, doch stark, feiert es liebenden Streit
> Unter den Felsen, es gährt und wankt in den ewigen Schranken,
> Denn bacchantischer zieht drinnen der Morgen herauf.
> Denn es wächst unendlicher dort das Jahr und die heilgen
> Stunden, die Tage, sie sind kühner geordnet, gemischt.[5]

Dynamische Bewegungen erfolgen in alle Himmelsrichtungen: „Dahin, dorthin", „herab" und „herauf". Die Oxymora „helle Nacht", [l]angsam eilt", „liebenden Streit" bringen sich einander ausschließende Gegensätze in ein hierarchieloses Zugleich, das Raum und Zeit neu ‚mischt'. Die Verbkombinationen „toset und stürzt", „glänzet und schwindet", „eilt und kämpft" und „gährt und wankt" betonen die vielfältige Dynamik des Geschehens; die Steigerung des bislang Absoluten („unendlicher") und nicht zuletzt die Perspektivierung, welcher kein fester Standpunkt zugewiesen werden kann, machen deutlich, dass hier keine nachahmende Landschaftsbeschreibung, sondern ein „dichtend[es]" „Werkstatt"-Produkt vorliegt, wie es wenig später explizit heißt. Es wäre schwer, das Geschilderte in ein einziges Bild zu bringen – zumindest mit den Mitteln der traditionellen Malerei. Ohne abstrakt zu sein, entgeht es doch einer allzu bildlichen Konkretisierung, indem es offene Dynamik an sich zur Darstellung bringt. Nichts hat eine feste Kontur, vielmehr ist alles in Bewegung und Verwandlung.

Nicht zufällig verwendet Hölderlin das Bild der Wolke, wo er eine solche Situation energetischer Offenheit entwirft: Wolken sind beweglich nach allen Richtungen, verändern ständig ihre Gestalt; sie kennen keine Idealform, sondern nur eine unendliche Vielfalt von Formen, die unaufhörlich ineinander übergehen, und sind genau betrachtet selbst schon ein Effekt jener unaufhörlichen Transformation von Wasser und Luft, die an antike Vorstellungen von der Entstehung der Welt erinnert. Wie der französische Kunsthistoriker Hubert Damisch betont, entgehen Wolken der Perspektivierung und lassen sich deshalb in kein Wahrnehmungsraster pressen: „Die Perspektive nimmt einzig die Dinge zur Kenntnis, die sie in ihre Ordnung übersetzen kann, die Dinge, die einen Ort besetzt halten und deren Kontur durch Linien bestimmt wird. Doch der Himmel hält keinen Ort besetzt, er ist maßlos; und im Hinblick auf die Wolken wird man weder ihre Konturen festhalten noch ihre Formen mit dem Begriff der Oberfläche analysieren können. Die Wolke gehört zu der Klasse der Körper ohne Oberfläche."[6] Genauso „maßlos" ist Hölderlins Szene; die darstellerische Herausforderung liegt darin, die Darstellung für viele Blickweisen offenzuhalten und eben nicht in die gewohnte (Zentral-)Perspektive zu fallen. Dazu bedarf es eines Sprechens, das nicht in gewohnten Redeweisen verharrt, sondern seinerseits „wenig konventionell"[7] verfährt. Hölderlin betont die enge Bindung zwischen einem neuen Sehen und einem neuen Sprechen:

> Indem sich nemlich der Dichter [...] umsieht in seiner Welt, ist ihm diese eben so neu und unbekannt [...] wie sie in ihm und außer ihm sich darstellt, alles ist wie zum erstenmale, eben deßwegen unbegriffen, unbestimmt, in lauter Stoff und Leben aufgelöst, ihm gegenwärtig und es ist vorzüglich wichtig, daß er in diesem Augenblick nichts als gegeben annehme, von nichts positivem ausgehe, daß die Natur und Kunst, so wie er sie kennen gelernt hat und sieht, nicht eher spreche, ehe für ihn eine Sprache da ist[.][8]

Der Dichter richtet den Blick nicht weg von der Welt auf ein imaginäres Reich des Illusionären, er weicht der Realität nicht etwa aus, sondern er kultiviert vielmehr einen Blickmodus, der ‚die Welt' als „unbegriffen" und „unbestimmt" versteht und sie damit als Möglichkeitsdimension aktiviert. Er wird deshalb seine Darstellung nicht aus bereits vorhandenen Stoffen ‚abziehen', aus Gegebenem ableiten und von dort abstrahieren; genauso wenig jedoch besteht die Neuheit seiner Sprache darin, eine ‚neue' Welt zu errichten; „alles" bleibt auch in der Darstellung „wie zum erstenmale [...] gegenwärtig". „Aufgelöst" und „gegenwärtig" sind hier Grundvokabeln von Hölderlins Poetik: Die erste bezeichnet den Effekt einer Auflösung von Hierarchien und Dichotomien, ja von konventionalisierten „Gesichtspuncten" schlechthin; die zweite betont, dass die Darstellung nicht ins Abstrakte abgleitet, sondern trotz des Auflösungsprinzips sinnlich und materialreich bleibt: nur handelt es sich eben um Material, das noch *im Werden* ist.

Die wichtige soziale Dimension einer solchen ästhetischen Öffnung belegt der Titel der Elegie, der sich „[a]n die Verwandten" richtet. Deren gänzlich fehlendes Interesse an einer Ausweitung des Möglichkeitsraums, an einer Abweichung vom vorgezeichneten Pfad des Alltäglichen hinein „ins Offene",[9] führt im weiteren Verlauf der Dichtung wie auch in Hölderlins Leben zu einem wiederholten Umkippen der dichterischen Euphorie in frustrierte Resignation: Die gesellschaftlich befreiende und zugleich gemeinschaftstiftende Wirkung, die sich Hölderlin von einer „belebende[n] Kunst"[10] versprach, verpufft wirkungslos. Weil seine Kunst nichts ‚Fertiges' herstellen möchte, braucht sie die Mitarbeit eines Publikums, das sie teilnehmend aufgreift, sich von ihr zu Perspektivwechseln anregen lässt und dadurch die Idee einer ‚kühneren Ordnung' des Lebens verwirklicht. Was in der Elegie misslingt, bestimmt den utopischen Kern von Hölderlins Schreiben. Der Appell „an die Verwandten" beschwört die Möglichkeit künftiger Wahlverwandtschaften, welche im zeitoffenen ‚Jezt' des Gedichts, in ihrer Zeit, die Revolution der Vorstellungsweisen auf ihre Weise vollziehen.

---

1 Brief Hölderlins an Johann Gottfried Ebel, 10. Januar 1797, zit. n.: Friedrich Hölderlin, *Sämtliche Werke*, Frankfurter Ausgabe in 20 Bd. Historisch-kritische Ausgabe, hrsg. von D. E. Sattler, Frankfurt am Main 1975 ff. (im Folgenden unter Angabe von Band- und Seitenzahl zitiert als: FHA), FHA 19, S. 271.

2 Friedrich Hölderlin, „Der Gesichtspunct aus dem wir das Altertum anzusehen haben", FHA 14, S. 95.

3 Ebd.

4 Ebd., S. 96.

5 Friedrich Hölderlin, „Heimkunft. An die Verwandten", FHA 6, S. 311.

6 Hubert Damisch, „Die Geschichte und die Geometrie", in: *Wolken* (Archiv für Mediengeschichte, Bd. 5), hrsg. von Lorenz Engell, Bernhard Siegert, Joseph Vogl, Weimar 2005, S. 24. In Hinblick auf Grosses Arbeit vgl. auch Judy Millar, „Location, Location, Location", in: *Katharina Grosse. Location, Location, Location*, Düsseldorf 2003, S. 65 f.

7 Friedrich Hölderlin, „Friedensfeier", FHA 8, S. 638.

8 Friedrich Hölderlin, „Wenn der Dichter einmal des Geistes mächtig …", FHA 14, S. 321.

9 Friedrich Hölderlin, „Der Gang aufs Land", FHA 6, S. 286.

10 Hölderlin, „Wenn der Dichter einmal des Geistes mächtig …", a. a. O., S. 319.

At the end of the eighteenth century, Friedrich Hölderlin, writing to a friend, expressed his belief in a "future revolution of convictions and modes of thought and imagining that will make everything hitherto blush with shame."[1] His desire for a revolution in thinking and artistic practice alike had its roots in what he experienced as social ossification in dead conventions that clogged life and lamed the living present under the weight of the past:

> *[T]hat which was the general reason for the decline of all peoples, namely, that their originality, their own living nature succumbed to the positive forms, to the luxury which their fathers had produced … that seems to be our fate as well, only on a larger scale in that an almost boundless prior world, which we internalize either through learning or through experience, works and exerts pressure on us.[2]*

The "positive forms" are cultural products whose progressive accumulation becomes increasingly oppressive rather than contributing to enlivening society: "There seems to be indeed hardly any other choice than to be oppressed by what has been appropriated and by what is positive, or, with violent effort, to oppose as a living force everything learnt, given, positive."[3] For Hölderlin, neither of the alternatives, which for him are no alternatives, will do; he neither wishes to lapse humbly into silence vis-à-vis the already achieved, nor to set himself up with (and as a) force in place of the old.

The epoch-making element in Hölderlin's poetics is that he chooses a third path in face of the dilemma, which he designates with the term "authentic mutual union."[4] The idea of a "mutual union" articulates a solution beyond the "pure direction" either of slavish imitation or of a simple defense reaction against "everything learnt." Rather the forms handed down by tradition are to be (re)enlivened through new use. Yet how can one create forms that do not themselves become saturated cultural products but remain alive?

At the opening of his elegy "Homecoming—to my Kinsfolk" (1802), Hölderlin distils into a landscape a number of central (re)presentational principles of his 'revolutionary' poetics:

> *It is still bright night in the Alps, and a cloud,*
> *Authoring joyfulness, covers the yawning valley.*
> *Playful mountain breezes rush and toss about, and a ray*
> *Of light shines abruptly through the firs and disappears.*
> *Chaos, quivering with joy, hurries slowly to do battle.*
> *Young in form, yet strong, it celebrates a loving quarrel*
> *Among the cliffs. It ferments and shakes within its eternal*
> *Limits, for the morning accelerates in ecstatic dance.*
> *The year advances more rapidly out there, and the holy hours,*
> *The days, are more boldly ordered and mixed.[5]*

Dynamic movement occurs in all directions. The oxymora "bright night," "hurries slowly," and "loving quarrel" join mutually exclusive opposites in a hierarchy-less simultaneity that 'remixes' space and time. The verb pairs "rush and toss," "shines … and disappears," and "ferments and shakes" underline the varied dynamics of the scene; the augmentation of the hitherto absolute (unendlicher[6]) and not least the perspective to which no fixed standpoint is assignable show that this is no mimetic landscape but, as is explicitly stated a few lines later, the product of an "authoring" "workplace." It would be hard to combine in a single picture, at least with the means of traditional painting, what Hölderlin presents. It is not abstract, but it avoids being all too pictorially specific by enacting an openly dynamic process. There are no clear outlines, instead all is in motion and transformation.

It is not by chance that Hölderlin uses the image of the cloud in framing a situation of such energy-laden openness: clouds shift in all directions and constantly change shape; they know no ideal shape, only an infinite series of shapes that continually metamorphose into each other, and they are themselves, strictly speaking, the product of that ceaseless transformation of water and air reminiscent of ancient notions of the origin of the world. As the French art historian Hubert Damisch points out, clouds elude perspective and so cannot be pressed into any perceptual system: "Perspective registers only those things that it can translate into its system, the things that occupy a place and whose contours are defined by lines. But the sky occupies no place, being boundless; and as for clouds, it is not possible to capture their outlines or analyze their shapes with the concept of surface. Clouds belong to the class of surfaceless bodies."[7] Hölderlin's scene is equally "boundless"; the (re)presentational challenge consists in keeping the (re)presentation open for multiple vantage points and precisely in not succumbing to the customary (central) perspective. For this, language is required that does not stick to customary modes of speech but itself proceeds "unconventional[ly]."[8] Hölderlin stresses the close connection between a new seeing and new language:

> Namely, in that the poet … looks around in his world this is as new and unfamiliar to him … as it presents itself within him and outside him, everything exists, as it were, for the first time, and for that reason is uncomprehended, undetermined, dissolved into pure matter and life, present to him; and it is especially important that at this moment he takes nothing for granted, proceeds from nothing positive, that nature and art, as he has come to know them and sees them, speak not until there exists a language for him ….[9]

The poet does not direct his gaze away from the world to an imaginary realm of illusion, thus avoiding reality; rather, he cultivates a mode of seeing that grasps the world as "uncomprehended" and "undetermined" and thus activates it as potentiality. So he will not 'glean' his (re)presentation from already existing materials, deriving and abstracting it from what is at hand; but nor does the novelty of his language consist in setting up a 'new' world; "everything" in his (re)presentation is also, "as it were, for the first time … present." "Dissolved" and "present" are fundamental terms in Hölderlin's poetics: the former denotes the upshot of a dissolution of hierarchies and dichotomies—indeed, of conventionalized angles in general; the latter points to the fact that the (re)presentation does not veer off into abstraction but, despite the princi-

ple of dissolution, remains in the realm of the senses and rich in material—only this material is still in process of becoming.

The important social dimension of such an aesthetic opening up is evident from the title of the elegy, which is addressed "to my Kinsfolk." Its complete lack of interest in broadening the sphere of influence, in departing from the prescribed path of the everyday "into the open,"[10] *leads in the subsequent course of the poetry, as in Hölderlin's life, to the poetic euphoria repeatedly switching into frustrated resignation. The socially liberating and at the same time community-building effect Hölderlin had hoped for from an art that is "enlivening"*[11] *simply fizzles out. Because his art strives to produce nothing "finished," it needs the collaboration of an audience that receives it participatively, letting itself be inspired to adopt new angles and thus realize the idea of a "bolder order" of life. What miscarries in the elegy defines the utopian core of Hölderlin's writing. His appeal "to my Kinsfolk" evokes the possibility of future elective kin who, in their own time and their own ways, will carry out the revolution in modes of thought and imagining in the temporally open "now" of the poem.*

1 *Hölderlin to Johann Gottfried Ebel, letter, 10 January 1797, in* Sämtliche Werke, *vol. 19, ed. D.E. Sattler (Frankfurt/M.: Roter Stern, 1975ff), p. 271.*

2 *Friedrich Hölderlin, "The Perspective from which We Have to Look at Antiquity," in* Essays and Letters on Theory, *trans. and ed. Thomas Pfau (New York: State University of New York Press, 1988), p. 39.*

3 *Ibid.*

4 *Ibid., p. 40.*

5 *Friedrich Hölderlin, "Homecoming—to my Kinsfolk," in* Poems of Friedrich Hölderlin, *selected and trans. James Mitchell (San Francisco: Ithuriel's Spear, 2004), p. 27.*

6 *[*unendlicher*—comparative of* unendlich *(finite)—appears in l. 9 of Hölderlin's elegy but is unfortunately lost in James Mitchell's version where it is translated as "more rapidly." Trans.]*

7 *Hubert Damisch, "Die Geschichte und die Geometrie," in* Wolken, Archiv für Mediengeschichte, *vol. 5, eds. Lorenz Engell, Bernhard Siegert, Joseph Vogl (Weimar: Verlag der Bauhaus-Universität, 2005), p. 24. In relation to Grosse's work, see also Judy Millar, "Location, Location, Location," in* Katharina Grosse: Location, Location, Location *(Düsseldorf: Richter, 2003), p. 65f.*

8 *Friedrich Hölderlin, "Celebration of Peace," in* Selected Poems and Fragments, *selected and trans., Michael Hamburger (London: Penguin, 1998), p. 209.*

9 *Friedrich Hölderlin, "On the Operations of the Poetic Spirit," in* Essays and Letters on Theory, *(see n. 2), p. 81. [Translation slightly altered. Trans.]*

10 *Friedrich Hölderlin, "Der Gang aufs Land," in* Sämtliche Werke *(see n. 1), vol. 6, p. 286.*

11 *Hölderlin, "On the Operations of the Poetic Spirit," (see n. 9), p. 79.*

AN DER KIPPE *BETWEEN* **ZWISCHEN** *SUBMERGENCE AND* **EINTAUCHEN UND** *EMERGENCE* **AUFTAUCHEN** *TOWARD AN* **FÜR EINE ÄSTHETIK** *AESTHETIC* **DES KRITISCHEN** *OF CRITICAL* **DISTANZVERLUSTS** *DISTANCE LOSS*

Laura Bieger

Jedes Bild eröffnet seinem Betrachter einen Raum der Wahrnehmung. In diesem konstitutiven und doch flüchtigen Zwischenraum löst es sich von seinem materiellen Träger und realisiert sich als Vorstellungsbild im Körper des Betrachters. Skulpturen machen diese räumliche Konstitution des Wahrnehmens noch deutlicher: Erst in der Bewegung an ihnen entlang und um sie herum, in den sich ergänzenden Sinneseindrücken aus unterschiedlichen Perspektiven bildet sich unser Eindruck – und die Skulptur als ästhetisches Objekt.

Ästhetische Erfahrung ist zuallererst Berührung und von ihr angestoßene Bewegung. Sie bewegt denjenigen, der sich ihr hingibt, und verspricht im Vollzug dieser Bewegung eine Intensivierung von Lebensgefühl. Auch wenn es hedonistisch klingen mag: So betrachtet ist ästhetische Erfahrung ein Lebenselixier. Die notwendige Öffnung auf ein Außen und die mit ihr einhergehende Versehrung des Wahrnehmenden sind jedoch zugleich Zeugen einer existenziellen Grundbedingung von Leben: dass es sich nicht nur „in einer Umgebung [vollzieht], sondern auf Grund dieser, durch Interaktion mit ihr".[1]

Die Bewegung, von der hier die Rede ist, kann eine rein innerliche sein, aber auch eine Bewegung durch den Raum. Es gibt Räume – die Sixtinische Kapelle, der Dogenpalast, die Guggenheim Museen, das umgebaute MoMA –, die genau mit dieser Überblendung von ästhetischem Erleben und Raumerleben spielen. Sie verlangen nach einer körperlichen und affektiven Bewegung des Betrachters, wollen erlebt werden.

Nicht selten sind solche Räume ‚barock' und stehen damit unter einem kulturkritischen Generalverdacht der theatralen Oberflächengestaltung, Verdrängung des Realen und Manipulation der Betrachter.[2] Barocke Räume sind ‚scripted spaces' (Norman Klein), sie lenken ihre Besucher mithilfe von Strategien ästhetischer Ansprache und schreiben ihnen dabei nicht nur eine räumliche, sondern auch eine affektive Bewegung vor. Vielleicht leben wir tatsächlich, wie viele Kritiker meinen, in einem Zeitalter des Neobarock: Shopping Malls, Kinos, Hotelanlagen, Museumsräume greifen heute mehr und mehr auf diese Ansprachestrategien zurück und versuchen dabei über die Mobilisierung ihrer Besucher häufig vor allem eines: Konsum zu fördern.

Das Barocke ist eine Ästhetik der strategischen Grenzverwischung: Lichtverhältnisse, Farbintensitäten und Kontraste, Materialien der Gestaltung und gestaltete Oberflächen werden gezielt dazu eingesetzt, Größenverhältnisse und Raumdimensionen zu verzerren und so Bildraum und Realraum scheinbar nahtlos ineinander übergehen zu lassen. Das Barocke lebt von der Illusionsbildung und lädt dazu ein, mit Haut und Haaren in die von ihr inszenierte Realität des Scheins einzutauchen. Sein Illusionismus geht dabei Hand in Hand mit einem Angebot der Immersion: Beide, Illusion und Immersion, sind in ihrer Wirkungsausrichtung von Grund auf manipulativ. Der Betrachter muss verführt werden – er muss aber auch verführt werden wollen.

Immersion führt uns in Räume, in denen sich die Wirklichkeit der Welt und die Wirklichkeit der Bilder in der Wirklichkeit des Körpers konsolidieren. Sie ist eine Wahrnehmungsbewegung mit eingebautem Richtungswechsel, ein Pendeln zwischen Eintauchen und Auftauchen. Wie das Trompe l'œil durchläuft sie eine kunstvolle Choreografie aus Illusionsbildung und deren Entlarvung, die starke Affekte wie Überraschung, Desorientierung, Ehrfurcht oder Begeisterung mobilisieren kann. Besonders gelungene Immersionsräume verlängern diese Wirkung, indem in ihnen die Grundchoreografie des Trompe l'œil nicht nur einmal durchlaufen wird, sondern sich in einem Wechsel von Eintauchen und Auftauchen immer wieder erneuert.

Eine notwendige Konsequenz dieser Ästhetik ist ihre radikale Verweigerung einer Position kritischer Distanz und kühler Betrachtung. Diese Verweigerung fordert eine Neuverortung in einer Betrachterposition des Bewegtseins. Wenn die Eintauchbewegung des Pendelschlags, den dieses ästhetische Bewegtsein vollzieht, als Immersion zu fassen ist, dann lässt sich das Auftauchen als eine Bewegung in die Abstraktion beschreiben. Abstraktion wäre dann so etwas wie der Verstehensmodus ästhetischen Erlebens und Immersion dessen affektiver Motor.

Kritikfähigkeit ließe sich vor allem herstellen, wo es gelänge, die Kippe zwischen diesen beiden Bewegungen scharf zu stellen. Es würde sich ein ‚Dritter Raum' des Wahrnehmens auftun: ein instabiler Grenz- und Zwischenraum, in dem Bestreben der Bedeutungsgebung und ereignishafte Unbestimmbarkeit des Wahrnehmens ineinanderfallen. „It is that Third Space", schreibt Homi Bhabha, „though unrepresentable in itself, which constitutes the discursive conditions of enunciation that ensure that meaning and symbols of culture have no primordial unity or fixity; that even the same signs can be appropriated, translated, rehistorisized and read anew."[3] Anders als bei Bhabha entstünde hier jedoch kein theoretisches Denkgebäude, sondern ein Raum, der sich in einem emphatischen Moment sinnlichen Erlebens auftut.

Wenn es stimmt, dass die Räume unseres Alltags zunehmend auf ein strategisches Verwischen der Grenze zwischen Bildraum und Realraum setzen, dann muss damit kein Verlust des Realen einhergehen oder einer Realität Vorschub geleistet sein, in der soziales und kulturelles Handeln mehr und mehr in eine Matrix des Konsums eingespeist werden. Aber um dem Realen auf der Spur zu bleiben, kann es heute weniger denn je genügen, sich auf eine Kritikfähigkeit kühler Distanz zu verlassen. In dieser Haltung würden uns zu viele Räume verschlossen bleiben, die längst einen so bedeutenden Teil unserer Lebenswelt ausmachen. Es gilt, mit anderen Worten, unsere zeitgenössische Realität *in* diesen Räumen freizulegen, nicht außerhalb von ihnen.

Um eine Kritikfähigkeit der relativen Distanz auszubilden, die aus einer Position des affektiven Inmitten heraus agieren kann, kommt der Kunstbetrachtung eine vitale Aufgabe zu. Denn Kunstwerke, die mit immersiven Wahrnehmungsangeboten spielen und diese transparent machen, ohne sie didaktisch zu zerlegen und dabei abzutöten, können eine Schlüsselrolle in deren kritischer Perspektivierung einnehmen. In ihrem doppelten Angebot, das Pendeln zwischen Eintauchen und Auftauchen zu erleben *und* den Moment des Kippens reflexiv zu begreifen, wird der fantastische Sog immersiver Verführungskunst navigierbar.

---

1 John Dewey, *Kunst als Erfahrung*, Frankfurt am Main 1988, S. 21. In diesen Absätzen klingt neben Dewey eine Reihe von Positionen zum Bildbegriff und der ästhetischen Erfahrung an, die hier genannt seien: Hans Belting, *Bild-Anthropologie: Entwürfe für eine Bildwissenschaft*, München 2001; W.J.T. Mitchell, *What do pictures want? The loves and lives of images*, Chicago/London 2005; Gernod Böhme, *Atmosphäre: Essays zu einer neuen Ästhetik*, Frankfurt am Main 1995; Juliane Rebentisch, *Ästhetik der Installation*, Frankfurt am Main 2003; Giuliana Bruno, *Atlas of Emotion: Journeys in Art, Architecture, and Film*, New York 2002.

2 Böhme, *Atmosphäre*, a. a. O., S. 13–14; Gertrud Koch, „Einleitung", in: Dies. (Hrsg.), *Umwidmungen: Architektonische und kinematographische Räume*, Berlin 2005, S. 11; Norman Klein, *The Vatican to Vegas: A History of Special Effects*, New York/London 2004.

3 Homi Bhabha, *The Location of Culture*, London/New York 1994, S. 37.

Every picture opens a perceptual space for its viewer. In this constitutive yet fleeting interspace it breaks away from its material support to be realized as image in the viewer's body. Sculpture brings out the spatial constitution of perception more clearly still: only in moving along and around a sculpture, in the mutually complementing sense impressions from different points of view, does our impression—and the sculpture as aesthetic object—take shape.

Aesthetic experience is, first and foremost, to be touched and the movement this gives rise to. It moves whoever surrenders to it, and, as the movement is carried out, it holds out the promise of an intensified life-feeling. Hedonistic as it may sound, aesthetic experience viewed in this light is a life elixir. The requisite opening to an outside and the perceiver's concomitant wounding simultaneously bear witness to a fundamental condition of life, namely, that life "goes on in an environment, not merely in it but because of it, through interaction with it."[1]

The movement in question here may be purely inner, but it can also be a movement through space. There are spaces—the Sistine Chapel, the Doge's Palace, the Guggenheim Museums, the rebuilt MoMA—that play with precisely this crossover of aesthetic experience and spatial experience. These spaces call for the subject's bodily and affective movement, and are eager to be experienced.

Such spaces are often 'baroque' and hence fall under a general culture-critical suspicion of theatrical surface design, of suppression of the real, and manipulation of the subject.[2] Baroque spaces are "scripted spaces" (Norman Klein): they direct their viewers by means of strategies of aesthetic address, prescribing a movement that is both spatial and affective. Perhaps we really do live in a neo-baroque age as many critics hold—shopping malls, cinemas, hotel complexes, and museum rooms resort increasingly to such strategies of address, seeking to mobilize visitors often with one primary aim: to boost consumption.

The baroque aesthetic involves a strategic blurring of boundaries: lighting, color intensities and contrasts, design materials, and designed surfaces are consciously deployed to distort proportions and spatial dimensions so that image space and real space appear to blend seamlessly into each other. The baroque depends on creating illusions, inviting one to plunge head-deep into the reality of the illusion it enacts. Its illusionism goes hand in hand with what immersion has to offer: in terms of their effects, both illusionism and immersion are thoroughly manipulative. The beholder must be seduced—but he or she must also want to be seduced.

Immersion leads one into spaces where the reality of the world and the reality of pictures are consolidated in the reality of the body. It is a movement of perception with built-in direction change, oscillating between submergence and emergence. Like trompe l'oeil, it runs through an artful choreography of the creation and exposure of illusion that can mobilize powerful feelings such as surprise, disorientation, awe, or rapture. Particularly successful immersive spaces build on this effect by running through the basic trompe l'oeil choreography not just once, but renewing it over and over in cycles of submergence and emergence.

An inevitable consequence of this aesthetic is its radical eschewal of critical distance and cool observation. It is an eschewal that necessitates a repositioning of the moved viewer position. If we take immersion as the submergence motion of the pendulum swing of this aesthetic movement, then emergence can be described as a movement into abstraction. This abstraction would be something like the understanding mode of aesthetic experience, and immersion its affective engine.

The production of a critical faculty would then depend primarily on successful focusing of the hinge between these two movements. A 'third space' of perception would open up, an unstable boundary- and interspace where the quest to assign meaning and the eventful indeterminacy of perception would blend. "It is that Third Space," writes Homi Bhabha, "though unrepresentable in itself, which constitutes the discursive conditions of enunciation that ensure that meaning and symbols of culture have no primordial unity or fixity; that even the same signs can be appropriated, translated, rehistoricized and read anew."[3] In contrast to Bhabha's Third Space, however, this third space would generate no theoretical structure of thought, but instead open up in an emphatic moment of sense experience.

If it is true that the spaces of our everyday life progressively favor a strategic blurring of the boundary between image space and real space, this need not entail a loss of reality, or the abetting of a reality where social and cultural action increasingly feed into a matrix of consumption. But today more than ever, in order to keep in touch with the real, a reliance on the critical stance of cool distance is not enough. Too many spaces that have long been an important part of the world we inhabit would remain closed. It is a question, in other words, of laying bare our contemporary reality in *these spaces rather than outside them.*

The contemplation of art has a vital task to fulfill in cultivating a critical stance of relative distance that can operate from an affective 'in-between.' For artworks that play with and render transparent immersive perceptual strategies without anatomizing and destroying them can play a key role in the development of critical perspectives. Through its twin offer both to experience the pendulum swing of submergence and emergence and *to reflectively grasp its turning point, the fantastic and seductive pull of immersive art becomes navigable.*

1 *John Dewey,* Art as Experience *(New York: Perigee, 1959), p. 13. Numerous positions on the concept of the image and aesthetic experience apart from Dewey's appear in these paragraphs, including those of Hans Belting,* Bild-Anthropologie: Entwürfe für eine Bildwissenschaft *(Munich: Fink, 2001); W.J.T. Mitchell,* What Do Pictures Want? The Loves and Lives of Images *(Chicago/London: University of Chicago Press, 2005); Gernod Böhme,* Atmosphäre: Essays zu einer neuen Ästhetik *(Frankfurt/M.: Suhrkamp, 1995); Juliane Rebentisch,* Äesthetik der Installation *(Frankfurt/M.: Suhrkamp 2003); Giuliana Bruno,* Atlas of Emotion: Journeys in Art, Architecture, and Film *(New York: Verso, 2002).*

2 *Böhme, Bild-Anthropologie (see n. 1), pp. 13–14; Gertrud Koch, "Einleitung," in idem, ed.,* Umwidmungen: Architektonische und kinematographische Räume *(Berlin: Vorwerk 8, 2005), p. 11; Norman Klein,* The Vatican to Vegas: A History of Special Effects *(New York/London: New Press, 2004).*

3 *Homi Bhabha,* The Location of Culture *(London/New York: Routledge, 1994), p. 37.*

WIRKLICHKEITS- *REALITY* **MASCHINE** *MACHINE*

Gerd G. Kopper

Mit kaum einem Bereich würde man Begriffe wie „Abstraktion" und „Illusionismus" wohl weniger verbinden als mit dem des Journalismus. Die großen, geradezu geheiligten Banner, die über diesem Arbeitsfeld wehen, künden vom Gegenteil: „Facts are sacred" (C. P. Scott, *Manchester Guardian*, 5. Mai 1921), „All the news that's fit to print" (Motto der *New York Times* seit 1899). Eine Berliner Tageszeitung führt seit 1946 das Banner: „Rerum cognoscere causas". Dieses Motto Vergils müsste in heutigem Verständnis als „den Dingen auf den Grund gehen" verstanden werden. Einer der führenden Journalisten dieses Blattes interpretiert das Motto so: „Zwischen Sein und Schein kann sich eine Qualitätszeitung nur für das Sein entscheiden." Deutlicher kann man sich von Illusionismus und Abstraktion kaum distanzieren; und deutlicher kann man auch die Grundannahmen jedes auf Qualität setzenden Journalismus nicht formulieren: Es gibt eine erfassbare Wirklichkeit und eine Wahrheit, die es zu enthüllen gilt. In diesem Journalistenethos fungieren Illusion und Abstraktion als Gegenspieler von Wahrheit, Wirklichkeit und konkreten Fakten – und sind damit eindeutig negativ besetzt.

Doch auch im Journalismus steckt ein eigener, hart erarbeiteter Mythos. In eben dem Maß, in dem Journalismus sich als „Seins-Instanz" geriert, verliert er das Bewusstsein für die delikaten Grund-Mechanismen seiner eigenen Arbeit. Abstraktion und Illusionismus spielen dabei eine zentrale Rolle.

Die journalistische Informations- und Urteilsproduktion gründet auf eingespielten Regeln und ihren kaum hinterfragten Routinen. Anders wäre unter Zeitdruck und angesichts der Informationsschwemme die Arbeit nicht zu leisten. Es gibt keinen Arbeitstakt, wie komplex und unvorhergesehen seine Abläufe auch sein mögen, der nicht einer Regel unterworfen ist. Aber nur die auffälligsten Regeln in diesem Metier sind transparent und offiziell. Sie bilden beispielsweise die Grundlage der Ausbildung. Wären sie transparent, wäre eine zunehmende Automatisierung der Prozeduren und der teilweise Ersatz journalistischer Tätigkeit durch technische Programme die Folge. Mit wachsender Technisierung und Regelgenauigkeit im Journalismus wächst die Distanz zu der steigenden Komplexität von Wirklichkeit. Gerade die damit aufkommenden Schwierigkeiten einer Trennung von Sein und Schein bilden die zunehmend größte Herausforderung.

Einerseits ist gerade der Journalismus von technischer Automatisierung weit entfernt – zugleich spitzt sich diese Aufgabe mit dem gegenwärtigen Umbau des gewohnten Journalismus zu. Im Bereich des Internet ist dies augenfällig, in Traditionsmedien aber durchaus angelegt. Die Lokalausgabe des US-Blattes *Washington Post* begann bereits vor mehr als einem Jahrzehnt ihre Berichterstattung über tägliche Kriminalität tabellarisch und softwaregestützt zu erfassen. Die Leser fanden alle Angaben über Autodiebstahl, Einbruch, Raub, Totschlag und so weiter nach Nachbarschaftsgebieten und Postleitzahlen in Tabellenform aufgelistet und anonymisiert vor und konnten sich so beim Frühstück umfassend und schnell orientieren, ob und in welcher Weise das Verbrechen in ihrer Nähe zugeschlagen hatte. Heute bietet das Blatt diese Ergebnisse im Internet täglich als interaktives Kartenmaterial an.

Was hier wie eine kaum mehr steigerungsfähige Annäherung an Tatsachen und stärkste Übermittlungsdichte des Geschehens erscheint, ist im Blick auf die Produktionsgrundlagen tatsächlich eine Steigerung von Abstraktion. Um die Geschehensabbildung in diesem lokalen Nachrichtensektor täglich ins Blatt heben zu können, mussten sämtliche Regeln des journalistischen Arbeitsprozesses wie sie noch vor einigen Jahrzehnten den „crime beat" von Jungreportern bestimmten – die Pflichtrunden bei allen einschlägigen Polizeistationen beispielweise – in ein arbeitsteiliges Programm zwischen Polizeibehörden und Tageszeitung übernommen werden. Übertragungs- und Darstellungsmuster wurden dann als Software-Lösungen erprobt, installiert und laufend optimiert.

Auf der anderen Seite beginnt mit der Übernahme einer derartigen, technisch rationalisierten Bearbeitung von „Geschehen" eine wahre Eskalation mentaler Abstraktionsmuster. Wo zuvor in der Regel Einzelereignisse und Individuen, Täter und Opfer die Berichterstattung bestimmten, wird dies nun durch vorgegebene abstrakte Tatkategorien und in ihrer Abstraktion noch gesteigerte Kriterien ersetzt. Damit ändert sich das Rezeptionsformat. Im Kernbereich einer Hauptstadt besteht keine Aussicht, Kriminalität wirksam zu bekämpfen. Durch die technisch rationalisierte Form der „Berichterstattung" jedoch wird eine neuartige tägliche Gleichgewichtslage von „Normalität" geschaffen. Dies geschieht nicht zuletzt durch Ent-Individualisierung. Markantes Kennzeichen dieses Formwechsels ist: Es fehlen Adjektive und damit die Individualisierung durch die persönliche Textfassung der Polizeireporter.

Einhergehend mit dem technischen Fortschritt bilden sich entsprechend angepasste Rezeptionsmuster aus: Das Publikum erfährt in diesem technischen Berichtsformat „Kriminalität" in neuer Weise. Abstraktion und Distanzierung durch die ent-individualisierte Darstellung befördern und erfordern die Illusion von „Übersicht", von „Kontrolliertheit", von „Beherrschbarkeit".

Dieser „Illusionismus" – auf den am Ende auch die Politik gerne setzt – gründet im Publikum auf „Gebrauchsregeln", die dem Formenwandel der technischen Massenmedien folgen. Die damit verbundene Vorstellungswelt entsteht aufgrund bestimmter, gerade auch durch den Journalismus ausgelöster Signal- und Bewusstseinsmuster, die nach höchst komplexen Regeln abgerufen werden können. Das umfassendste derartige Muster ist ein breit angelegtes Unterstützungsrepertoire des Bewusstseins für einen inneren, scheinbar ausnahmslos individuell geprägten Gesamtkontext „Wirklichkeit".

Die reale, aktive und individuelle Fassung von „Wirklichkeit" ist nach dem heutigen Kenntnisstand überkomplex. Das heißt, sie entzieht sich umfassenden Beschreibungsregeln. Wir wissen allerdings auch aus der Forschung, dass unser Wissen von „Welt" – und unser Bewusstsein etwa von persönlicher „Sicherheit" im Kontext von „Wirklichkeit" – in nicht unerheblichem Maß durch Journalismus hergestellt wird. Voraussetzung für die Verlässlichkeit in dieser Art der „Wirklichkeit" sind die Rezeptionsmuster auf Seiten des Publikums, die jene technisch generierte „Illusion" gerade nicht als Illusion, sondern als manifestes Element existenzieller und unverrückbarer Fakten erkennen lassen. Die Prozesse, die sich zwischen den technischen Mustern der Geschehensabbildung und den existenziellen Wahrnehmungsmustern abbilden, stellen eine besondere Art einer „Wirklichkeitsmaschine" dar. Sie verheißt jeden Morgen aufs Neue, „das Sein" abzubilden und das scheinbar „Heilige" der „facts" – wie illusionär und abstrakt diese Maschine auch immer arbeiten mag.

Few spheres would seem to be further removed from concepts such as "abstraction" and "illusionism" than journalism. The big, well-nigh sacrosanct banners fluttering over this field of labor testify to the opposite: "Facts are sacred" (C.P. Scott, Manchester Guardian, *May 5, 1921), "All the news that's fit to print" (motto of* The New York Times *since 1899). A Berlin daily has run "Rerum cognoscere causas" as its motto since 1946. Today one might take Virgil's words to mean "to get to the bottom of things." "Between appearance and reality, a quality newspaper has no choice but reality," is how one of the newspaper's leading journalists reads the motto. One could hardly take a clearer stand against illusion and abstraction, nor more clearly formulate one of quality journalism's fundamental assumptions: There is a reality that can be grasped and a truth waiting to be revealed. Illusion and abstraction, in this journalistic ethics, are the opponents of truth, reality, and concrete facts, and are thus manifestly negative in connotation.*

Yet journalism, too, has its own hard-won myths. To precisely the extent that it acts the role of an authority on reality, it loses sight of the delicate mechanisms underlying its own operations, in which abstraction and illusionism play a central role.

The production of journalistic information and judgments proceeds according to well-rehearsed rules and routines that are rarely questioned. Otherwise, given time pressure and information overload, the work could never be carried out. No matter how complex or unpredictable its procedures may be, there is no work cycle that is not subject to a rule. But in this profession only the most conspicuous rules are transparent and official. They form part of the basic training. Were all the rules transparent, procedures would become increasingly automated and journalistic activities at least in part replaced by technological programs. As technologization and control accuracy in journalism grow, the profession's distance from the increasing complexity of reality also grows. The difficulties in holding apart appearance and reality that emerge here pose an increasingly major challenge.

On the one hand, journalism par excellence is at a far remove from technological automation; on the other, the current restructuring of mainstream journalism is accelerating this development. This is obvious in relation to the Internet, but it is inherent in traditional media too. Over a decade ago the local section of the U.S. newspaper The Washington Post *began to present its daily crime coverage in table form with the aid of software. Readers found all information on car theft, burglary, robbery, homicide, and so on anonymously listed in tabular form according to neighborhood and zip code, and thus could inform themselves at a glance over breakfast whether and how crime had struck in their vicinity. Today the newspaper publishes this information daily on the Internet as interactive map material.*

What looks like an extremely high degree of closeness to fact and density of event coverage is actually, in terms of its production background, an increase in abstraction. To provide this event coverage in the paper's local section on a daily basis, all the rules of the journalistic trade that defined the "crime beat" of young reporters a few decades ago—the ritual rounds of police stations for instance—had to be incorporated into a labor-divisive program involving police authorities and the newspaper. Software solutions for data transfer and presentational formats were then tested, installed, and submitted to ongoing optimization.

This kind of technologically rationalized processing of events leads to an escalation in acts of intellectual abstraction. Where news coverage as a rule used to be a matter of isolated events and individuals, perpetrators and victims, these are now replaced by categorized acts and criteria at yet higher levels of abstraction. The reception format changes accordingly. In the core areas of a capital city there is no hope of effectively combating crime. But "news coverage," once it has been technologically rationalized, creates a new daily balance of "normality," not least through deindividualization. A striking indicator of this formal shift is the absence of adjectives and the individualization that a police reporter's personally written text involves.

Hand in hand with this technological progress, suitably appropriate reception patterns emerge—the public experiences "crime" in this technological report format in a new way. The abstraction and distancing of the deindividualized presentation both promote and presuppose the illusion of "having things in view," "being in control," and "controllability."

This illusionism—which politics is ultimately also glad to endorse—is based on "rules of use" among the public that follow the formal changes in the technological mass media. The imaginative world connected with this arises on the basis of certain signal patterns and patterns of consciousness, triggered precisely by journalism among other things, that are activated according to highly complex rules. The most comprehensive of these patterns is an extensive support repertoire of consciousness for an inner all-embracing context ("reality") that is ostensibly exclusively individually formed.

The real, active, and individual version of "reality" is, according to the current state of our knowledge, more than complex. In other words, it eludes comprehensive rules of description. We know from research, however, that our knowledge of the "world"—and our awareness for instance of personal "safety"/"security" in the context of "reality"—is in no small part produced by journalism. The conditions for the reliability of this version of "reality" are the reception patterns on the part of the public, which cause the technologically generated "illusion" to precisely not be perceived as an illusion, but as a patent item among existential and unbudgeable facts. The processes that emerge between the technological patterns in event depiction and the existential patterns of perception represent a special kind of "reality machine." Every morning it promises anew to depict "reality" and the ostensible "holiness" of facts, regardless of how abstract and illusionary the workings of the machine may be.

KATHARINA
KATHARINA
GROSSE
GROSSE
DER VERRAT
THE TREACHERY
DER BILDER
OF IMAGES

Antje Dietze

Was uns als Illusion und was als Abstraktion erscheint, hängt davon ab, wovon abstrahiert oder eine Illusion erzeugt wird. Dabei ist gerade die Abstraktion ein vielfältiges Geschehen: Wird in der Wirtschaft von der konkreten Arbeit abstrahiert, seit laut Marx und Engels „die persönliche Würde in den Tauschwert aufgelöst" wurde?[1] Wird abstrahiert vom konkreten Einzelnen – hin zu Typen, Allegorien und Verkörperungen, zum Beispiel der Tugend oder des Rechts? Wird abstrahiert von der Gegenständlichkeit materieller Dinge – hin zur vergeistigten Darstellung von Strukturen, logischen Problemen oder reiner Transzendenz? Oder wird von der Bedeutung abstrahiert – in einer Gegenbewegung zum Idealismus und zum Glauben, man könne alles darstellbar machen –, bis schließlich nur noch das bloße Material, die reine Farbe, die ästhetische Selbstreferenz übrig bleibt?

Das Urteil, eine Darstellung sei abstrakt und/oder illusionistisch, hängt nicht zuletzt vom Betrachter ab. Klassisch wurde diese Einsicht mit Michael Frieds Einwänden gegen die Minimal Art: Die minimalistischen Objekte, die auf nichts verweisen sollten als auf sich selbst, die also nicht-relational seien, bekämen gerade durch diese unergründliche ‚Schweigsamkeit' ihres Bezugs zur Welt eine unheimliche, fast menschliche Präsenz.[2] Georges Didi-Huberman bezeichnet sie aufgrund dieses unabsichtlich entstandenen Illusionismus als *Schauspieler,*[3] weil ihr Status nicht – wie vom Modernisten Fried gefordert – autonom in ihnen selbst verankert, sondern ein Produkt der Begegnung mit einem Betrachter ist. Er bezeichnet damit einen wichtigen Perspektivwechsel: Aufgrund der gleichsam theatralen Situation, in der Kunstwerke ihren Betrachtern begegnen, können sie keine immergleiche Identität haben. Abstraktion und Illusionismus sind demnach abhängige Elemente in einer Gleichung mit mehreren Variablen: Durch die Zeit und die Betrachter wird jedes Werk von Ambivalenz und Offenheit geprägt.

Diese Theatralität beziehungsweise dieser Illusionismus, der je nach Perspektive des jeweiligen Betrachters zutage tritt oder nicht, wird durch die typische Verdoppelung ermöglicht, die potenziell jeder Darstellung zugrunde liegt, sich jedoch im Theater besonders gut beobachten lässt: Auf der Bühne agiert ein Schauspieler, der für die Zuschauer eine Figur darstellt. Diese haben so, genau wie bei den minimalistischen Objekten, die Möglichkeit der „Wahrnehmung einer unaufhebbaren *Spannung* zwischen Darstellendem und Dargestelltem".[4] Die heute noch gängige Praxis der Verschmelzung von Schauspieler und Rolle und damit das Verschwinden des Darstellenden (des Schauspielers) zugunsten des Dargestellten (der Bühnenfigur) ist erst im 18. Jahrhundert entwickelt worden. Dagegen sind in den meisten anderen Theaterformen mehrere Körper sichtbar: Ein Brecht-Schauspieler spielt gerade die Spannung zwischen den Instanzen der Darstellung – er verkörpert eine Bühnenfigur, macht dabei aber sichtbar, dass er mit ihr nicht identisch ist, sondern sie vorzeigt – und dabei kommentieren und kritisieren kann. In der tragédie classique wird sogar eine doppelte Verdoppelung sich abwechselnder ‚Körper' vollführt: Der angesehene Schauspieler bei Hofe zeigt sowohl sich selbst und sein Raffinement als auch die Bühnenfigur (den klassischen Helden) vor – im Wechsel zwischen regelhaftem Sprechgesang und leidenschaftlichen Ausbrüchen. „Die Haltung der Schauspieler wiederum repräsentiert die Anforderungen an die höfische Person, gesellschaftliche und leidenschaftliche, irdische und metaphysische Existenz in der Schwebe zu halten."[5] In der Politik gibt es ähnliche Unterscheidungen, zum Beispiel die der zwei Körper des mittelalterlichen Königs – seines individuellen, sterblichen Leibes sowie seines politischen, unsterblichen Körpers, der die Königswürde trägt.[6]

Je nach Art der Darstellung können die verschiedenen ‚Körper' von den Darstellenden zur Deckung gebracht oder getrennt, harmonisiert oder in Konflikt gebracht werden – oder auch, unabhängig davon, vom jeweiligen Betrachter so wahrgenommen werden. Die ‚unheimliche' illusionistische Verdoppelung in darstellenden und dargestellten Körper hat die Menschen jahrhundertelang gegen das Theater eingenommen, zugleich aber zu dessen Faszinationskraft beigetragen. Sie ist unvermeidlich und kann auch von Repräsentationskritikern, die das Theaterhafte der Kunst oder der Politik denunzieren, um gegen Vorstellung, Verstellung und Darstellung die Tugenden der Redlichkeit und Selbstidentität zu verteidigen, nicht beseitigt werden.[7] Denn auch die Authentizität – oder ihre Inszenierung – ist Teil des illusionistischen Spiels mit den verschiedenen ‚Körpern' der Darstellung und unterliegt der Offenheit der Situation und damit dem Zweifel der Zuschauer. Das Problem des Polizisten, der bei einer dadaistischen Soirée für Ordnung sorgen soll, vom Publikum jedoch für den Darsteller einer Obrigkeitsparodie gehalten und mit Gemüse beworfen wird,[8] stellt sich so auch für minimalistische Objekte und für Politiker.

Katharina Grosses Arbeiten sind ganz explizit von einem theatralen Illusionismus geprägt, der es ihr ermöglicht, diese Verdoppelungen konzeptionell zu untersuchen:

> „Meine Überlegung ist, dass die Gegenstände durch die Farbe, mit denen ich sie bearbeite, transformiert werden, also auf eine andere Funktionsebene gebracht werden. Dadurch wird auch die bekannte Kongruenz von Gegenständlichkeit und erzählerischer Struktur aufgegeben, und zwar, weil ich mit meinen Farbflächen, mit denen ich die Gegenstände überziehe, die bekannte Zuordnung von Gegenstandsoberfläche, -farbe und -körper störe. Die von mir eingeführte Farboberfläche tritt in Konkurrenz mit den vorhandenen Objektoberflächen, das Volumen der Dinge kann nicht mehr eindeutig einer dieser Oberflächen zugeordnet werden."[9]

Der Farbraum tritt zum ‚realen' Raum und den ‚realen' Dingen hinzu und in Konkurrenz – er verändert sie und stellt ihre Logik zur Disposition. Es ist ein Angriff auf den Mythos der Materialität und der ästhetischen Selbstreferenz, dessen Vertreter behaupten, die Dinge seien unveränderlich ‚sie selbst'. Die in einigen Installationen von Grosse verwendeten Ballons, die auf den ersten Blick als minimalistische Objekte taugen würden, werden ohne Kongruenz zu ihrer ‚Identität' mit illusionistischen Farbstrukturen übersprüht und so vom ‚Spuk' der Verdoppelung befallen. Indem die Farbfläche und ihr Trägermedium gegeneinander verkantet und dabei als zwei koexistierende, aber unvereinbare Ordnungen zugleich sichtbar werden, verschwindet die „Kongruenz von Gegenständlichkeit und erzählerischer Struktur". Sichtbar wird der Illusionismus, der auch der Abstraktion zugrunde liegt.

Doch diesen illusionistischen Farbraum, der in einer Art Befreiungsgeste vom gegebenen Raum abstrahiert und sich so emanzipiert, stellt Grosse wiederum zur Disposition. Sie platziert die übersprühten Gegenstände um und deplatziert damit zugleich Teile der vermeintlich kohärenten Farbfläche. Damit verweist sie auf die Abhängigkeit auch höchst abstrakter, immateriell-vergeistigter Darstellungen von ihren materiellen Trägern. Grosses Installationen hintertreiben die Geschlossenheit und scheinbare Rahmenlosigkeit einer Illusion, die die unterschiedlichen ‚Körper' der Darstellung verschmilzt und so als Realität erscheinen will – als allumfassende Ordnung des Spektakels, als immersiver Raum,[10] in den der Betrachter eintaucht.

Dieser Zusammenhang wird auch an Malewitschs *Schwarzem Quadrat auf weißem Grund* – der Ikone der Abstraktion – deutlich: Vom Künstler als Ausdruck der Empfindung der Gegenstandslosigkeit intendiert, bröckelt inzwischen die Farbe, ermüdet das Material und wird als eigene Ordnung neben dem abstrakten Illusionismus sichtbar. Indem Katharina Grosse in ihrer Arbeit das Missverständnis ausräumt, das Bild eines Quadrats, sein materialer Bildträger, die Gegenstandslosigkeit im Allgemeinen und die subjektiven Vorstellungen und Empfindungen, die der Betrachter davon haben kann, seien deckungsgleich, leistet sie für die abstrakte Malerei dasselbe wie Magritte vor ihr für die gegenständliche Malerei. Diese analytische Zerlegung – Brecht nannte es „Trennung der Elemente"[11] – thematisiert den ‚Verrat' jeder Darstellung, nicht identisch mit dem Dargestellten zu sein: „Ceci n'est pas une pipe" (Dies ist keine Pfeife) schreibt Magritte in das Bild einer Pfeife und stellt damit die Frage, was genau wir uns eigentlich unter einer Pfeife vorstellen. In ähnlicher Weise überantworten die widerstreitenden räumlichen Ordnungen in Grosses Installationen den Betrachter der Verunsicherung, aber auch dem Nachdenken über die Regeln und Voraussetzungen dieses ‚Spiels'. Ihre Arbeiten zeigen, dass inkommensurable Welten koexistieren und kommunizieren können, dass sich in verschiedenen Ordnungen, mit unterschiedlichen Körpern *zugleich* leben und denken lässt.

---

1 Karl Marx, Friedrich Engels, „Manifest der Kommunistischen Partei", in: Dies., *Ausgewählte Schriften in zwei Bänden*, Bd. 1, Berlin 1970, S. 25–57, S. 28.

2 Michael Fried, „Kunst und Objekthaftigkeit", in: Gregor Stemmrich (Hrsg.): *Minimal Art*, Dresden/Basel 1995, S. 334–374.

3 Georges Didi-Huberman, *Was wir sehen blickt uns an*, München 1999, S. 51.

4 Juliane Rebentisch, *Ästhetik der Installation*, Frankfurt am Main 2003, S. 37. Hervorhebung im Original.

5 Günther Heeg, *Das Phantasma der natürlichen Gestalt*, Frankfurt am Main/Basel 2000, S. 131.

[6] Ernst H. Kantorowicz, *Die zwei Körper des Königs*, Stuttgart 1992.

[7] Zum Zusammenhang von Repräsentation und Demokratie siehe Jörn Etzold, „Melancholie des Spektakels: Guy Debord", in: Bettine Menke, Christoph Menke (Hrsg.), *Tragödie – Trauerspiel – Spektakel*, Berlin 2007, S. 230–257, sowie Juliane Rebentisch: „Übung in Spaltung", in: *taz*, 5. Dezember 2005, http://www.taz.de/index.php?id=archivseite&dig=2005/12/05/a0205 (20. Februar 2009).

[8] Dies berichtet Raoul Hausmann von einer dadaistischen Soirée 1920 in Leipzig. In: Ders., *Am Anfang war Dada*, hrsg. von Karl Riha, Günter Kämpf, Gießen 1992, S. 133.

[9] Interview mit Katharina Grosse zu raumbezogenen Sprayarbeiten ihrer letzten Ausstellungen von Lothar Frangenberg, *Kunstaspekte*, 2004, http://www.kunstaspekte.de/kuenstlerin.php?k=3075 (20. Februar 2009).

[10] Zur Kritik der Immersion siehe Jörg Schweinitz, „Totale Immersion und die Utopien von der virtuellen Realität", in: Britta Neitzel, Rolf F. Nohr (Hrsg.), *Das Spiel mit dem Medium: Partizipation – Immersion – Interaktion*, Marburg 2006, S. 136–153.

[11] Bertolt Brecht, „Anmerkungen zur Oper ‚Aufstieg und Fall der Stadt Mahagonny'", in: Ders., *Schriften 4. Texte zu Stücken* (Große kommentierte Berliner und Frankfurter Ausgabe, Bd. 24), Berlin/Weimar/Frankfurt am Main 1991, S. 74–85.

What is seen as an illusion and what as an abstraction depends on what is being abstracted from or on what it is an illusion of. Abstraction in particular is a many-sided phenomenon. Do we abstract from concrete work in the economy since, according to Marx and Engels, "personal worth" has been "resolved … into exchange value"?[1] *Are types, allegories, and embodiments—for instance of virtue or law—abstractions from concrete particulars? Do intellectual representations of structures, logic, or pure transcendence abstract from the objectness of material objects? Or, in a movement contrary to idealism and the belief that everything can be made (re)presentable, do we abstract from meaning until nothing but material, pure color, and aesthetic self-referentiality remain?*

Whether a picture is judged to be abstract and/or illusionistic ultimately depends on the viewer. Michael Fried's objections to Minimal Art gave classic expression to this insight. Thanks to their unfathomably silent relation to the world, the non-relational, Minimalist objects supposed to refer to nothing but themselves acquire an uncanny, almost human presence.[2] *Georges Didi-Huberman refers to them as "actors"*[3] *on the basis of this unintentional illusionism, for their status, rather than being—as the modernist Fried demands—anchored autonomously in themselves, is a product of their encounter with a viewer. He thus points to an important shift in perspective: in view of the quasi-theatrical situation in which artworks encounter their viewers they can have no unchanging identity. Abstraction and illusionism are thus conditional elements in an equation involving several variables. Time and the work's viewers impregnate every work with ambivalence and openness.*

This theatricality, or illusionism, which may or may not emerge, depending on the particular viewer's standpoint, is facilitated by the typical doubling that potentially underlies every representation, but which comes out especially clearly in the theater—an actor on stage represents a character for the spectators. As with Minimalist objects, there is an "ineradicable tension between representans *and* representandum."[4] *The practice, still current today, of conflating actor and role to effect the disappearance of what does the representing (the actor) in favor of what is represented (the stage figure) was first developed in the eighteenth century. In most other forms of theater, on the other hand, several bodies are visible. A Brechtian actor acts precisely the tension between the (re)presentational poles, embodying a stage figure but making it clear he or she is only (re)presenting the figure and not identical with it, and can at the same time pass comment and criticize. In French classical tragedy there is a twofold doubling of alternating 'bodies': the distinguished actor (re)presents both him- or herself and his/her refinement as well as the stage figure (the classical hero), switching between spoken chant and outbursts of passion. "The bearing of the actors is in turn an expression of the expectations on courtly persons that they equilibrate social and emotional, earthly and metaphysical existence."[5] There are comparable distinctions in politics, for instance between the medieval king's two bodies—his personal, mortal one and his political, immortal body, the bearer of regal dignity.[6]*

Depending on the type of performance/picture, the different 'bodies' of the actors/(re)presenters can be made congruent or separate, harmonized or in conflict, or they can simply be perceived independently thereof by the viewer. For centuries the 'uncanny' illusionistic doubling of the acting and the (re)presented body prejudiced people against the theater, but at the same time contributed to its fascination. There is no escaping it; nor can it be eliminated by the critics of representation who condemn theatricality in art or politics in order to defend the virtues of honesty and self-identity against play, dissembling, and representation.[7] For authenticity—or its enactment—is no less a part of the illusionistic play with the various 'bodies' of representation and is subject to the openness of the situation and to viewers' doubts. The problem of the policeman assigned to keep peace and order at a Dadaist soiree, who the audience took to be parodying the authorities and pelted with vegetables,[8] holds equally for Minimalist objects and politicians.

Katharina Grosse's works show the express influence of a theatrical illusionism that enables her to conceptually investigate these doublings:

> *My thought is that the objects are transformed, that is, brought to a different functional level, by the colored paint I treat them with. As a result, the familiar congruence of objectness and narrative structure is jettisoned, and this because the areas of color that I apply to the objects upset the familiar relations between object-surface, -color, and -volume. The paint/color surface I introduce sets up competition with the existing object surfaces, the volumes of the things are no longer unambiguously assignable to one or another of these surfaces.[9]*

Color space is added to 'real' space and 'real' things, and competes with them—it alters them and opens their logic to question. It is an attack on the myth of materiality and aesthetic self-referentiality whose proponents maintain that things are unchangeably 'themselves.' The balloons Grosse uses in some of her installations, which at first sight might be Minimalist objects, are sprayed, askew to their 'identities,' with colored illusionistic structures and so are afflicted with the 'phantom' of doubleness. Grosse plays color areas and their support off against each other so that they appear as two coexisting yet incommensurate systems, and the "congruence of objectuality and narrative structure" disappears. Illusionism emerges, and it too is fundamental to abstraction.

Yet Grosse also opens up this illusionistic color space, which has liberated itself by abstracting from the given space in a kind of emancipatory gesture. She moves the sprayed objects, displacing parts of the supposedly coherent colored surface. This draws attention to the dependence of highly abstract, immaterial, intellectually rarefied pictures on their material support. Grosse's installations undermine the closure and ostensible framelessness of an illusion that fuses the different 'bodies' of the picture in order to appear as reality—as an all-embracing arrangement of the spectacle, as immersive space[10] into which the viewer enters.

Something similar can be observed in connection with the iconic abstraction, namely, Kazimir Malevich's *Black Square on a White Ground*. Intended by the artist as an expression of the experience of objectlessness, the paint by now is peeling, the material wearing and emerging as a system in its own right alongside illusionism. By dispelling the misconception that the picture of a square, its material support, objectlessness in general, and the subjective ideas and experiences a viewer can have of these are congruent, Katharina Grosse does for abstract painting what Magritte before her had done for figurative painting. This analytical decomposition—Brecht called it "separation of the elements"[11]—addresses the 'treachery' of every picture's being non-identical with what it represents. "Ceci n'est pas une pipe" (This is not a pipe), Magritte once wrote on a picture of a pipe, thus raising the question of what exactly we understand to be a pipe. Similarly, the conflicting spatial systems in Grosse's installations undermine the viewer's sense of security but also stimulate reflection on the rules and assumptions of this 'game.' Her works demonstrate that incommensurable worlds can coexist and communicate, and that it is possible to live and think in different systems with different bodies at one time.

---

1 Karl Marx, Friedrich Engels, "The Communist Manifesto," in *The Marx-Engels Reader*, ed. Robert C. Tucker (New York: Norton, 1978), pp. 473–500, p. 475.

2 Michael Fried, "Art and Objecthood," in *Art and Objecthood* (Chicago: University of Chicago Press, 1998), pp. 148–72, p. 155.

3 Georges Didi-Huberman, *Was wir sehen blickt uns an* (Munich: Fink, 1999), p. 51. [Originally published in French: *Ce que nous voyons, ce qui nous regarde* (Paris: Editions de Minuit, 1992)].

4 Juliane Rebentisch, *Ästhetik der Installation* (Frankfurt/M.: Suhrkamp, 2003), p. 37.

5 Günther Heeg, *Das Phantasma der natürlichen Gestalt* (Frankfurt/M./Basel: Stroemfeld, 2000), p. 131.

[6] *Ernst H. Kantorowicz,* Die zwei Körper des Königs *(Stuttgart: Klett-Cotta, 1992). [Originally published in English as:* The King's Two Bodies *(Princeton: Princeton University Press, 1957)].*

[7] *For the relations between representation and democracy, see Jörn Etzold, "Melancholie des Spektakels: Guy Debord," in Bettine Menke, Christoph Menke, eds.,* Tragödie—Trauerspiel—Spektakel *(Berlin: Theater der Zeit, 2007), pp. 230–57; and Juliane Rebentisch "Übung in Spaltung," in* taz *(December 5, 2005), http://www.taz.de/index.php?id=archivseite&dig=2005/12/05/a0205 (accessed February 20, 2009).*

[8] *The anecdote is told by Raoul Hausmann of a Dadaist soiree in Leipzig in 1920. See Raoul Hausmann,* Am Anfang war Dada, *eds. Karl Riha, Günter Kämpf (Gießen: Anabas, 1992), p. 133.*

[9] *Katharina Grosse, interview on her space-related spray works by Lothar Frangenberg,* Kunstaspekte *(2004), http://www.kunstaspekte.de/kuenstlerin.php?k=3075 (accessed February 20, 2009).*

[10] *For the critique of immersion, see Jörg Schweinitz, "Totale Immersion und die Utopien von der virtuellen Realität," in Britta Neitzel, Rolf F. Nohr, eds.,* Das Spiel mit dem Medium: Partizipation—Immersion—Interaktion *(Marburg: Schüren, 2006), pp. 136–53.*

[11] *Bertolt Brecht, "Anmerkungen zur Oper 'Aufstieg und Fall der Stadt Mahagonny'," in* Schriften 4: Texte zu Stücken, *annotated Berlin and Frankfurt edition, vol. 24 (Berlin/Weimar/Frankfurt/M.: Aufbau/Suhrkamp, 1991), pp. 74–85.*

LAURA BIEGER
Dr. phil., Juniorprofessorin der Abteilung Kultur am John F. Kennedy-Institut der Freien Universität Berlin. Forschungsschwerpunkte: Visualität, Textlichkeit, Räumlichkeit, Körperlichkeit, Theorien ästhetischer Erfahrung und Theorien der Moderne. Aktuelle Forschung zu „Landscapes of Belonging" (Arbeitstitel) über Vorstellungen von Heimat in der amerikanischen Literatur.
Dr. phil., Junior Professor in the cultural section of the John F. Kennedy-Institut at Freie Universität Berlin. Areas of research: visuality, textuality, spatiality, corporality, theories of aesthetic experience, and theories of Modernism. Current research: "Landscapes of Belonging" (working title) on the notions of home in American literature.

KATJA BLOMBERG
Dr. phil., Leiterin Haus am Waldsee – Ort internationaler Gegenwartskunst, Berlin. Studium der Kunstgeschichte, Germanistik und Klassischen Archäologie in Freiburg im Breisgau, Hamburg und Heidelberg. Promotion zum Thema „Tendenzen der Abstraktion in der deutschen Plastik der Nachkriegszeit", Heidelberg 1992. Lebt nach Aufenthalten in Tokio, London, Wien, München, Aachen und Frankfurt am Main seit 2005 in Berlin.
Dr. phil., Director Haus am Waldsee—A Place for the Arts, Berlin. She studied art history, German literature, and archaeology at the universities of Freiburg im Breisgau, Hamburg, and Heidelberg. Her dissertation was titled "Tendencies of Abstraction in German Post-War Sculpture," Heidelberg, 1992. Having lived in Tokyo, London, Vienna, Munich, Aachen, and Frankfurt/M., she moved to Berlin in 2005.

UTA DEGNER
Dr. phil., Literaturwissenschaftlerin, Studium in Konstanz, Bologna und Berlin. Mitarbeiterin im Sonderforschungsbereich „Ästhetische Erfahrung im Zeichen der Entgrenzung der Künste an der Freien Universität Berlin". Promotion zu Hölderlins Lyrik („Bilder im Wechsel der Töne", Heidelberg, Winter 2008). Derzeit Forschungsprojekt zur Rolle der Populärkultur in Erzähltexten der literarischen Avantgarde.
Dr. phil., studied literature in Konstanz, Bologna, and Berlin. She was an assistant in the special research field of "Aesthetic experience under the perspective of the delimitation of the arts" at Freie Universität Berlin. She completed her dissertation on the poetry of Hölderlin ("Images in Changing Tones," Heidelberg, Winter 2008). Current research project on the role of popular culture in narrative avant-garde literature.

ANTJE DIETZE
Theaterwissenschaftlerin und Kulturhistorikerin, lebt in Leipzig. Promotionsprojekt zu Geschichtsdarstellung und ästhetischer Überschreitung an der Volksbühne am Rosa-Luxemburg-Platz in Berlin in den 1990er Jahren. Artikel und Vorträge u. a. zur Theatralität der Malerei Neo Rauchs sowie Valérie Favres, zu partizipativen Performances und zur Bildüberschreitung bei Christoph Schlingensief.
Theorist of theater studies and cultural historian; lives in Leipzig. Dissertation project on Representations of History and Aesthetic Transgression at Volksbühne am Rosa-Luxemburg-Platz in Berlin during the 1990s. Writes and lectures on, among other topics, the theatrical in the painting in Neo Rauch and Valérie Favre, on participatory performances, and on transgressive imagery of Christoph Schlingensief.

ALEXANDER KOCH
Kurator, Kunsttheoretiker und Galerist. Veröffentlichungen u. a. zur Theorie und Geschichte des Kunstausstiegs (www.kunst-verlassen.de) und zur fortschreitenden Ausdifferenzierung des Kunstfeldes. Projekte u. a.: KOCH OBERHUBER WOLFF, Berlin (seit 2008); NEW PATRONS Deutschland (seit 2008); Galerie Jocelyn Wolf, Paris (2003); D/O/C/K/ Projektbereich, HGB Leipzig (2000–2005).
Curator, art theorist, and gallerist. His publications include articles on the theory and history of dropping out of art (www.kunst-verlassen.de) as well as on the increasing differentiation of the art field. Current projects include: KOCH OBERHUBER WOLFF, Berlin (since 2008); NEW PATRONS Deutschland (since 2008); Jocelyn Wolf Gallery, Paris (2003); D/O/C/K/ Projektbereich, HGB Leipzig (2000–2005).

GERD G. KOPPER
Dr. phil., in den USA als Journalist ausgebildet, seit 1978 Professor im Studiengang Journalistik der Universität Dortmund. Fach- und Forschungsgebiete: Medienpolitik, Medienökonomie, Medienrecht. Initiierte ein internationales Wissenschaftszentrum für Journalismus in Europa. Lebt seit 2006 in Berlin und arbeitet als Projektentwickler auch in Tokio und in den USA.
Dr. phil., educated as a journalist in the U.S., and since 1978, has taught as a professor of journalism at the University of Dortmund. Areas of competence and research: the politics, economics, and legal aspects of the media. Set up an international center for the science of journalism in Europe. Has lived in Berlin since 2006 and also develops projects in Tokyo and the U.S.

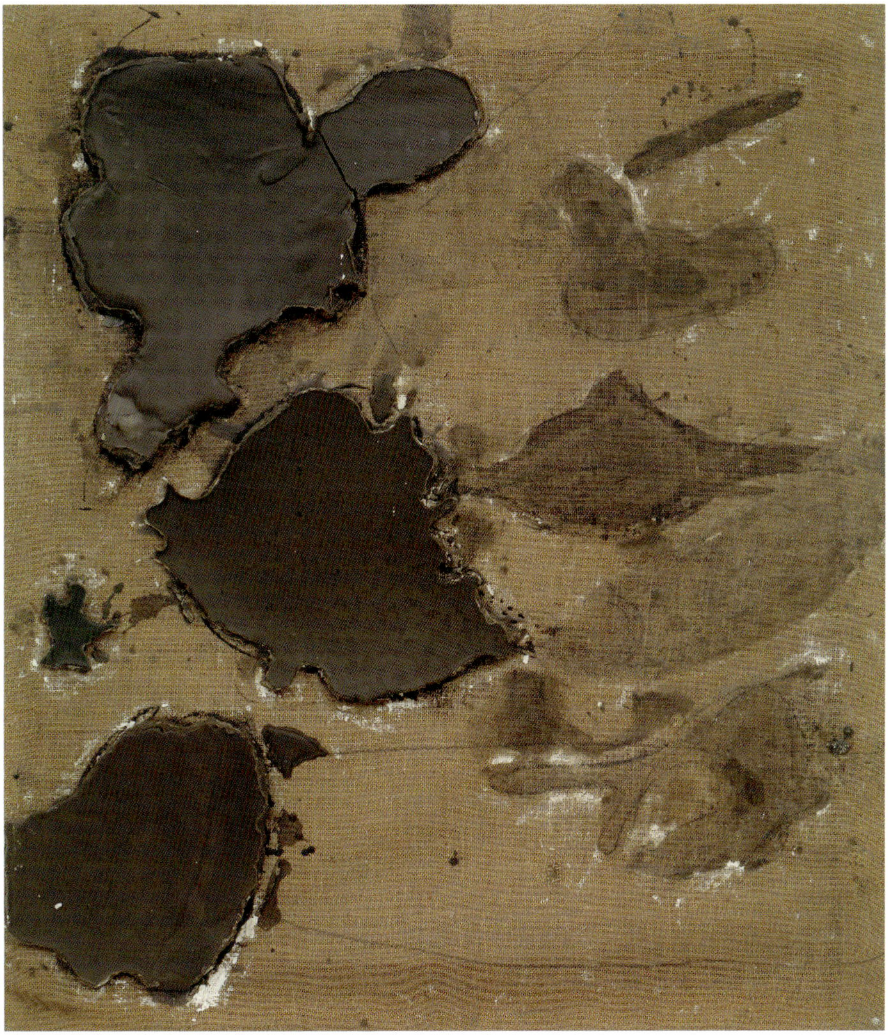

O.T. / *UNTITLED*, 1989
Paraffin, Pigment auf Leinwand
Paraffin, pigment on canvas
106 x 88 cm

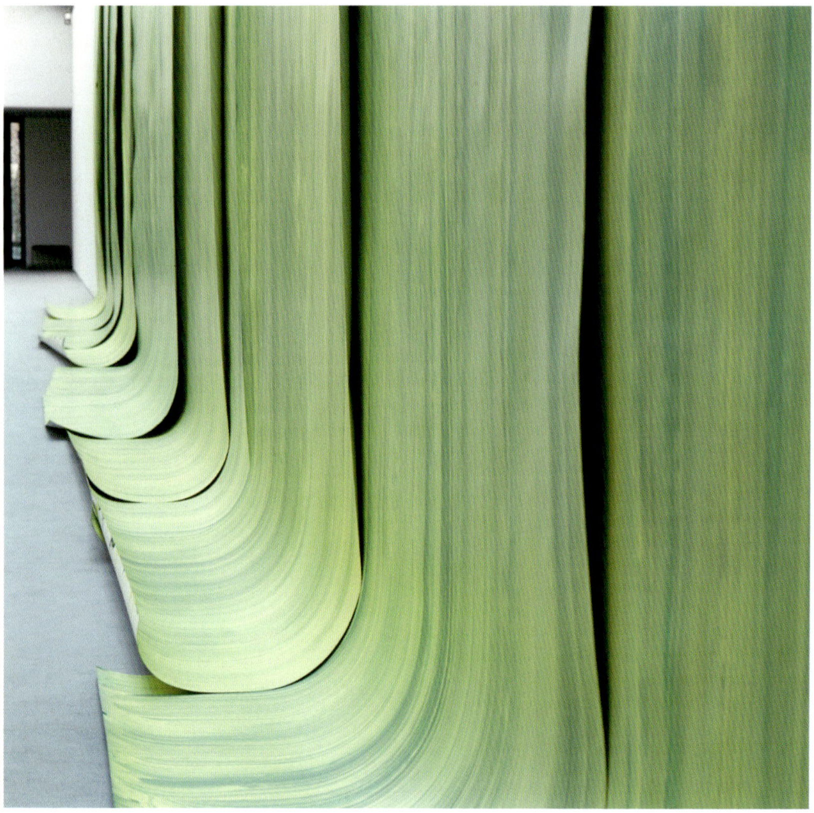

O.T. / *UNTITLED,* 2002
Öl auf Papier / *Oil on paper*
430 x 1220 x 750 cm
Ausstellungsansicht / *Exhibition view*:
„Ich wüßte jetzt nichts", Kunsthalle zu Kiel, 2002

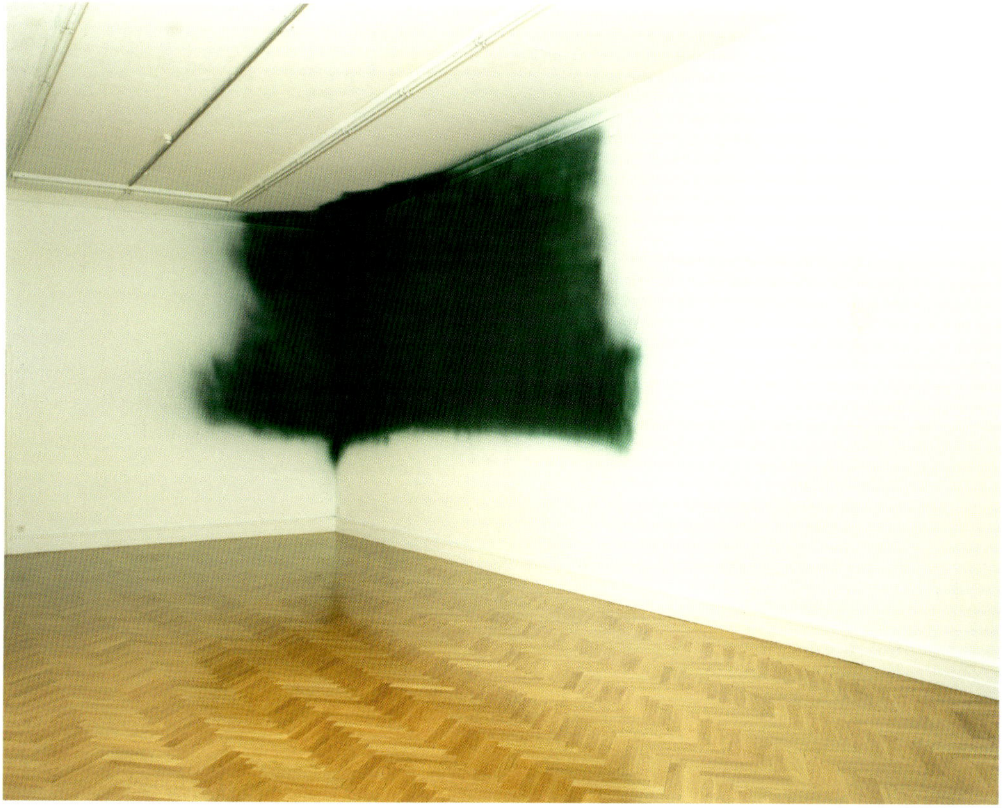

O.T. / *UNTITLED,* 1998
Acryl auf Wand / *Acrylic on wall*
450 x 1250 x 400 cm
Ausstellungsansicht / *Exhibition view*:
Projektraum, Kunsthalle Bern, 1998

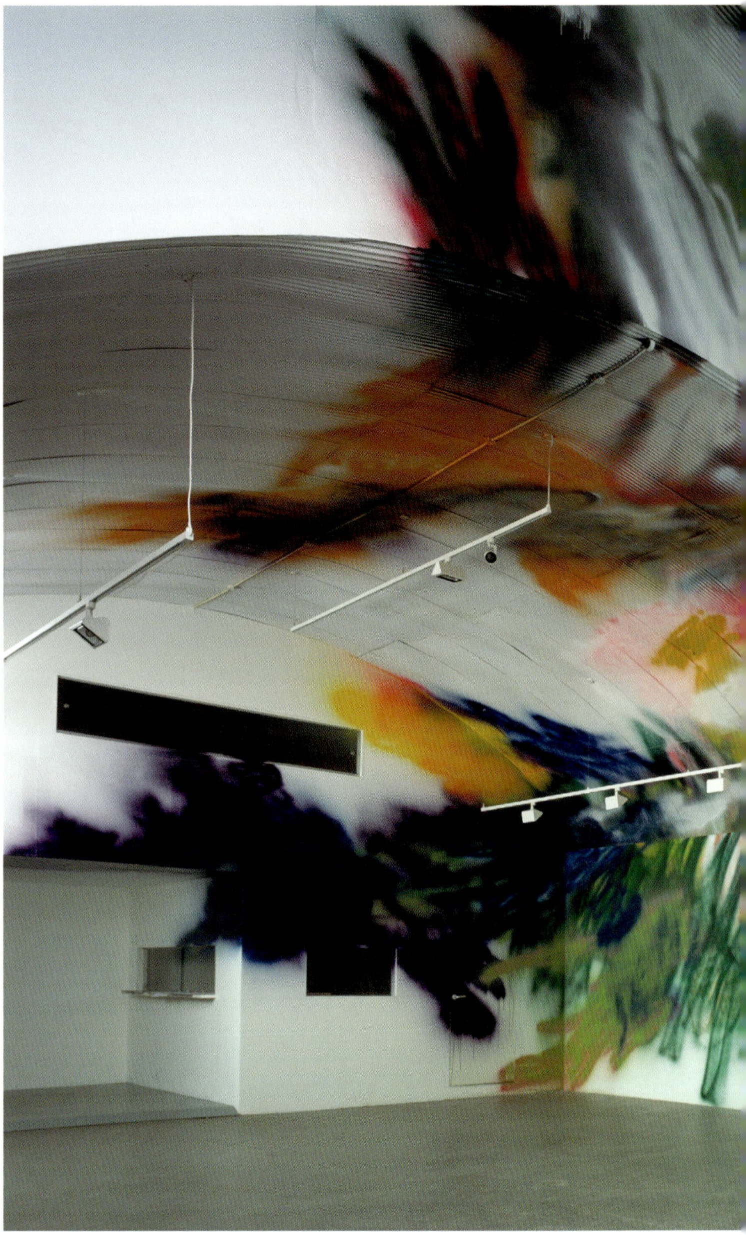

O.T. / *UNTITLED*, 2003
Acryl auf Wand / *Acrylic on wall*
530 x 1430 x 855 cm
Ausstellungsansicht / *Exhibition view*:
„Final Cuts", Union, London, 2003

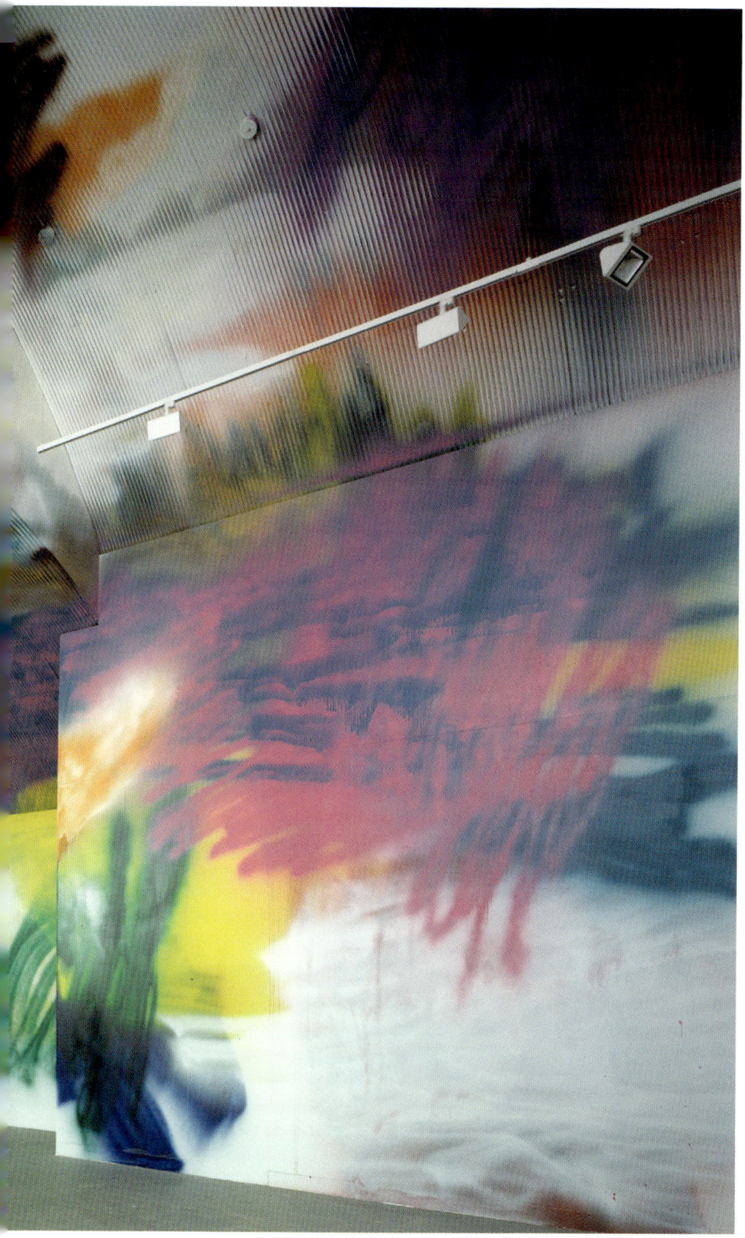

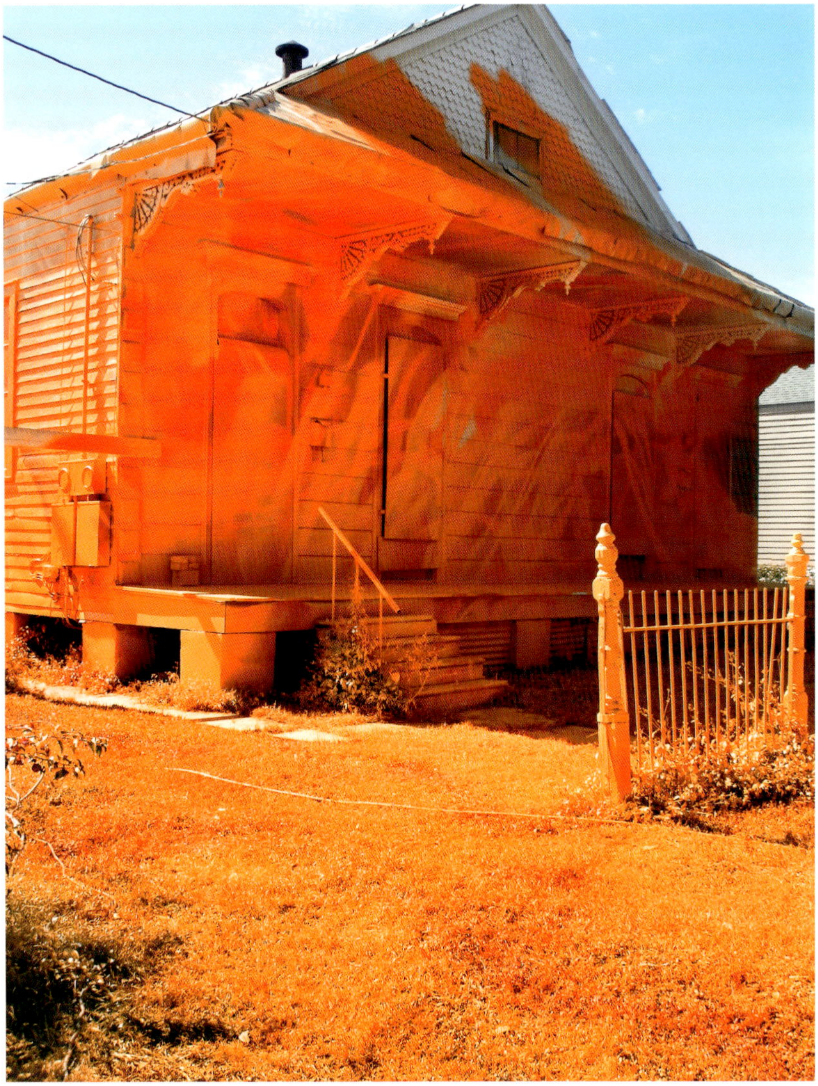

O.T. / *UNTITLED*, 2008
Acryl auf Holz, Boden und Ziegeln
Acrylic on wood, floor, and roof tiles
750 x 1200 x 500 cm
Ausstellungsansicht / *Exhibition view*:
„Prospect.1", New Orleans Biennial, 2008

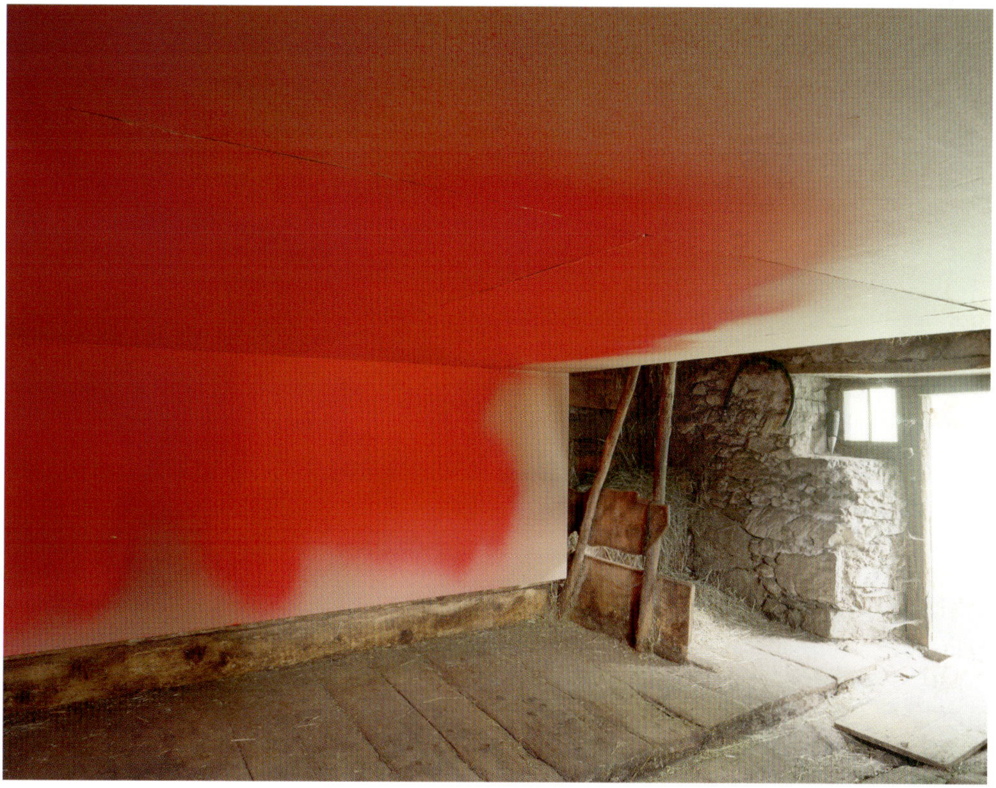

O.T. / *UNTITLED*, 1999
Acryl auf Karton / *Acrylic on cardboard*
125 x 343 x 289 cm
Ausstellungsansicht / *Exhibition view*:
„Viereck und Kosmos", Amden; Kunsthaus Glarus, 1999

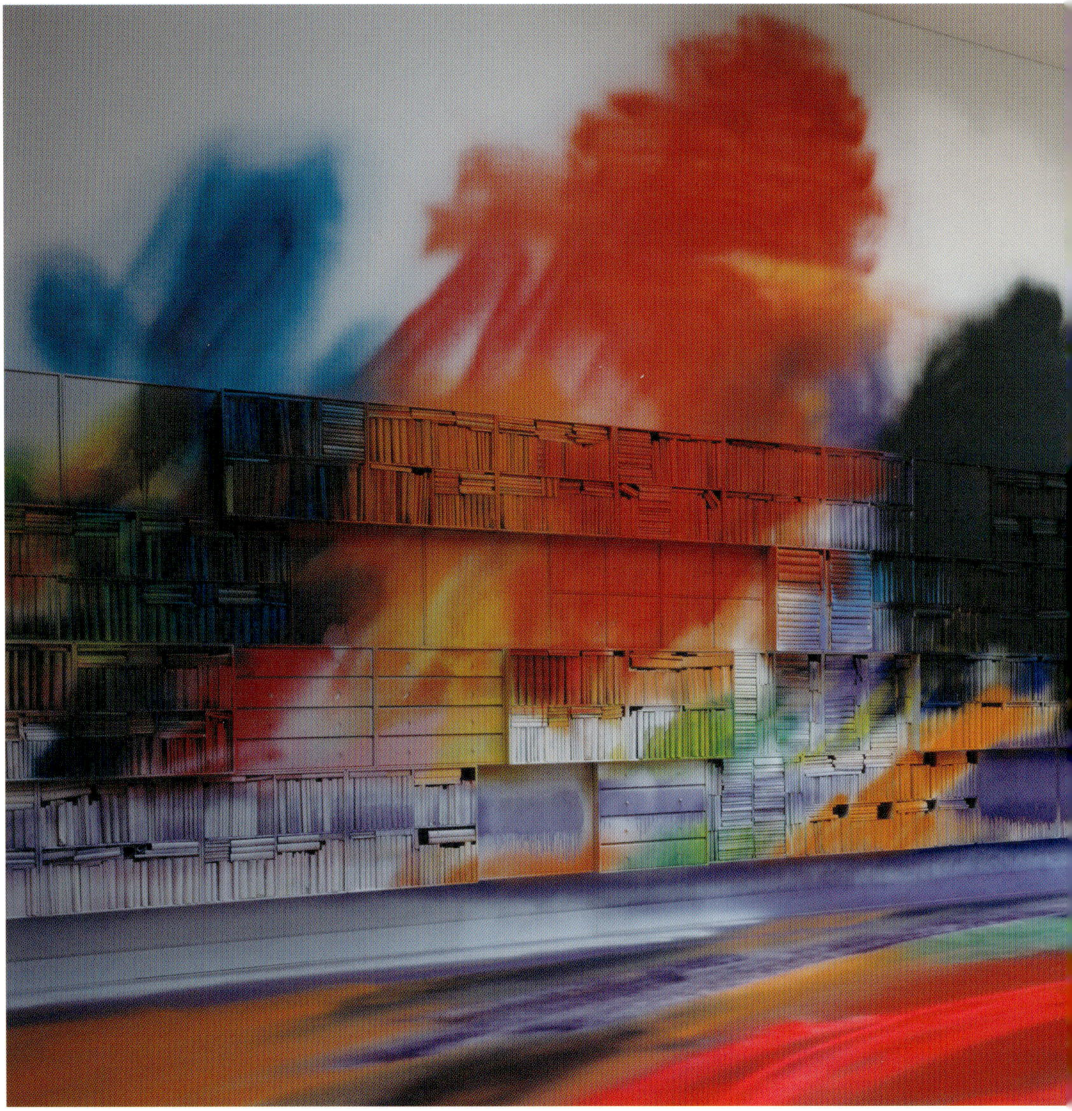

DOUBLE FLOOR PAINTING, 2004
Acryl auf Wand, Boden, Bücherregal und Leinwand
Acrylic on wall, floor, bookshelf, and canvas
680 x 3800 x 1100 cm
Ausstellungsansicht / *Exhibition view*:
Kunsthallen Brandts Klædefabrik, Odense, 2004

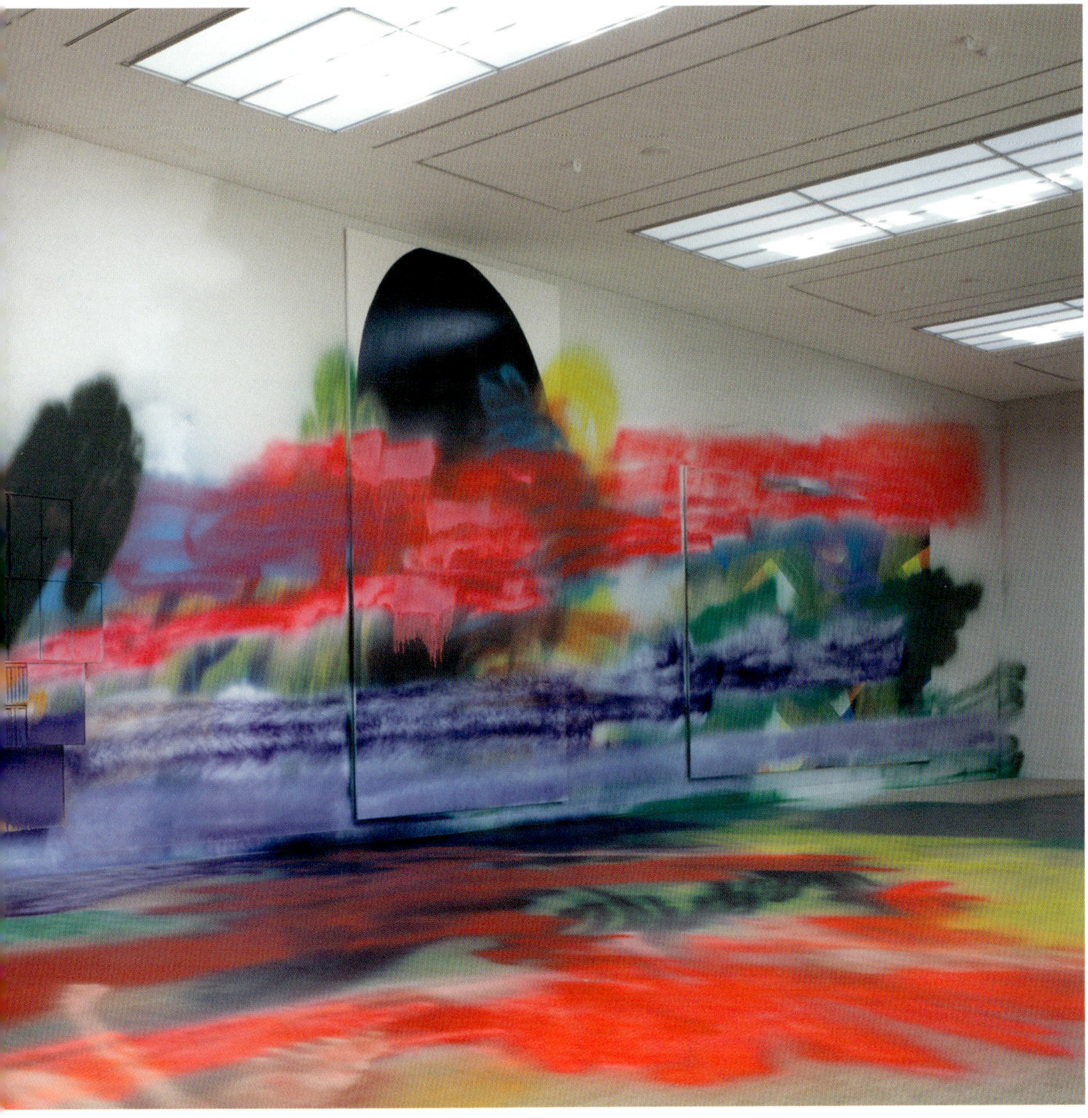

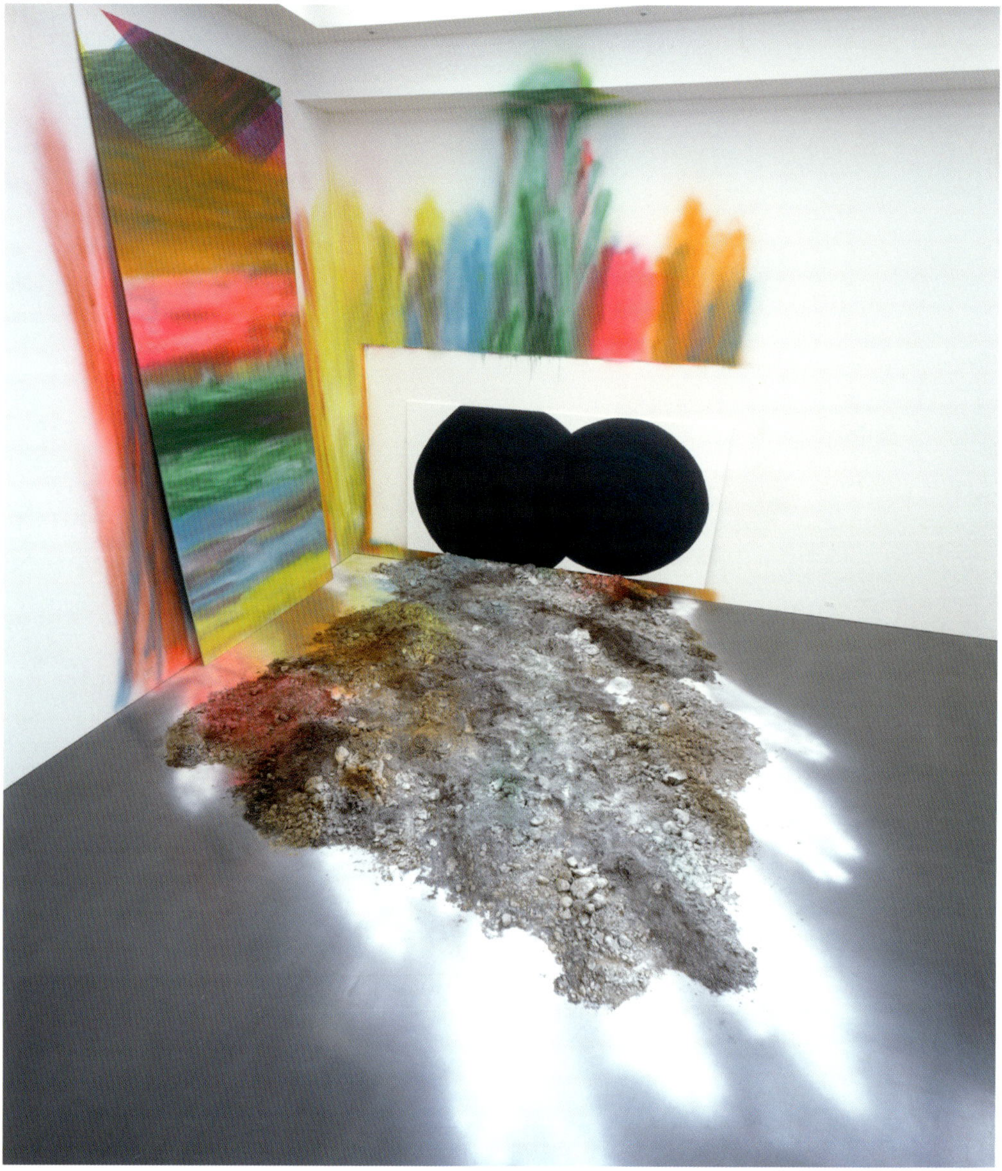

THE POISE OF THE HEAD UND DIE ANDEREN FOLGEN, 2004
Acryl auf Wand, Boden, Erde und zwei Leinwänden
Acrylic on wall, floor, soil, and two canvases
900 x 900 x 1100 cm
Ausstellungsansicht / *Exhibition view*:
„raumfürraum", Kunsthalle Düsseldorf/Kunstverein für die Rheinlande und Westfalen, 2004

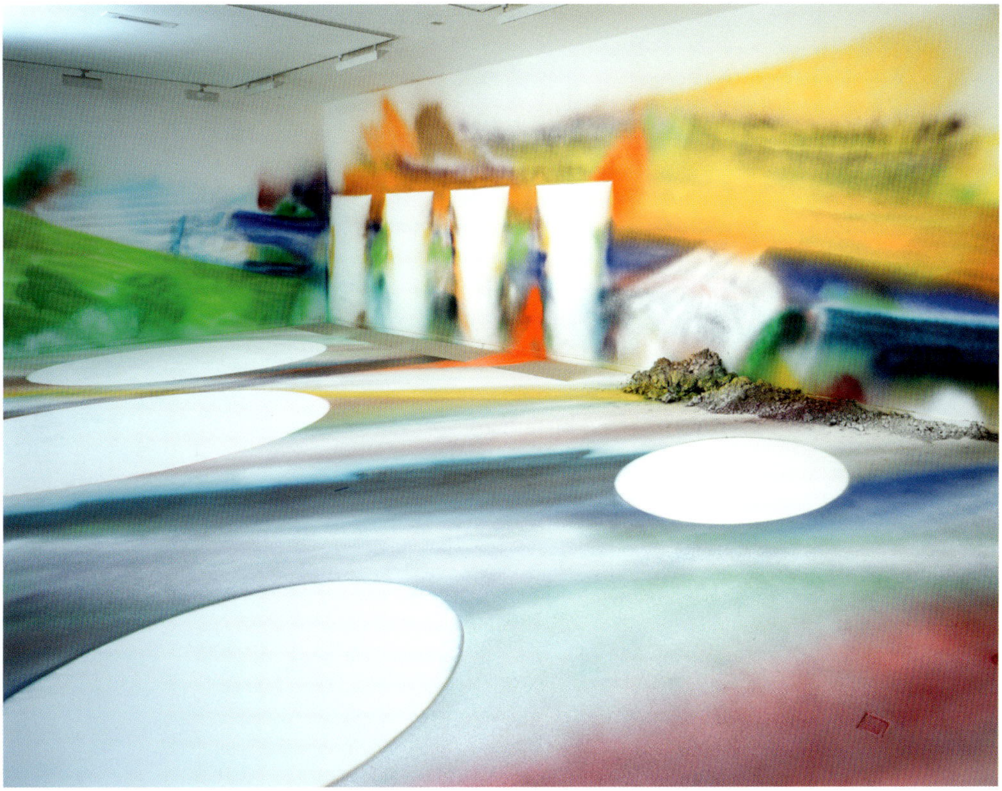

HOLEY RESIDUE, 2006
Acryl auf Wand, Boden, Erde und Holz
Acrylic on wall, floor, soil, and wood
379 x 667 x 464 cm
Ausstellungsansicht / *Exhibition view*:
„Holey Residue“, de Appel, Amsterdam, 2006

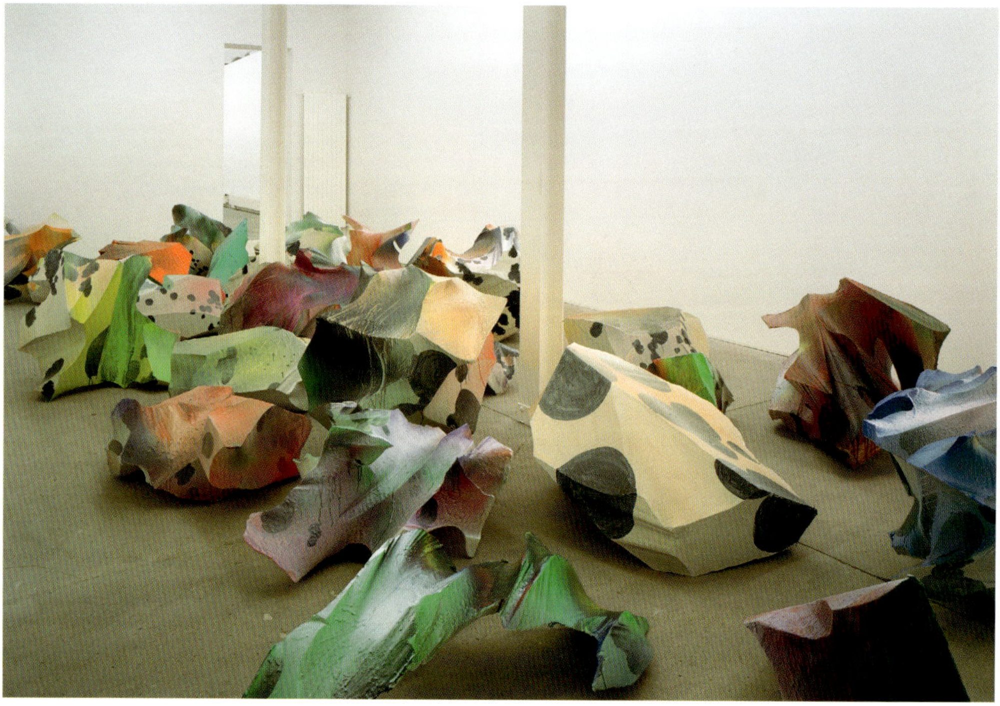

TAXI UND TOUR, 2006
Acryl auf Wand, Boden, Stein, Styropor und Möbeln
Acrylic on wall, floor, stone, styrofoam, and furniture
380 x 1220 x 557 cm
Ausstellungsansicht / *Exhibition view*:
„Taxi und Tour", Galerie Mark Müller, Zürich, 2006

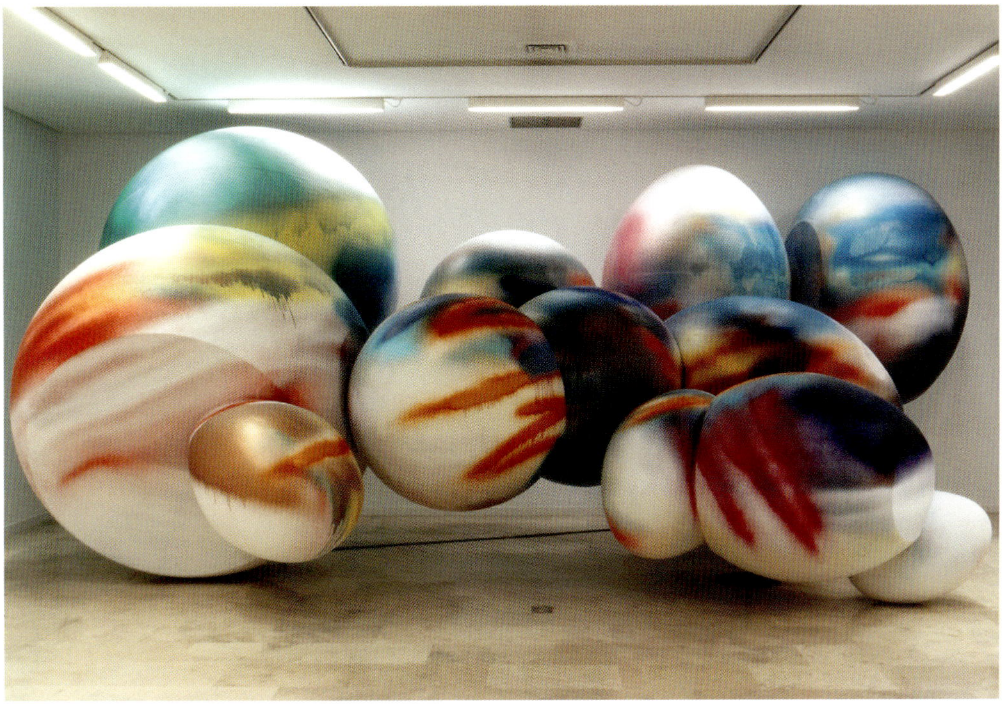

FAUX ROCKS, 2006
Acryl auf Styropor, gehärtet mit Polyurethan
Acrylic on styrofoam, hardened by polyurethane
320 x 700 x 440 cm
Ausstellungsansicht / *Exhibition view*:
Galería Helga de Alvear, Madrid, 2006

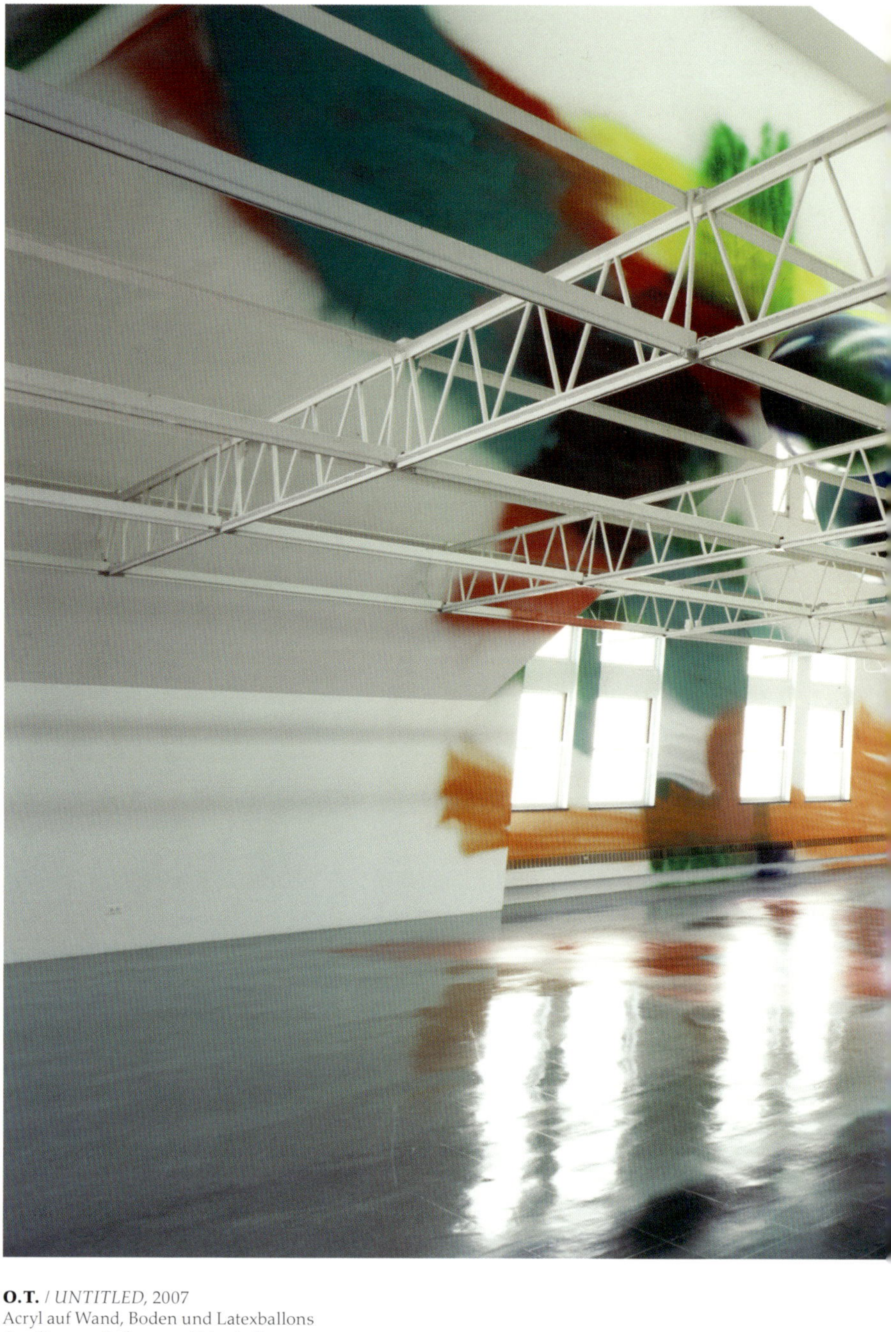

O.T. / *UNTITLED*, 2007
Acryl auf Wand, Boden und Latexballons
Acrylic on wall, floor, and latex balloons
900 x 2438 x 1219 cm
Ausstellungsansicht / *Exhibition view*:
„Atoms Inside Balloons", The Renaissance Society, Chicago, 2007

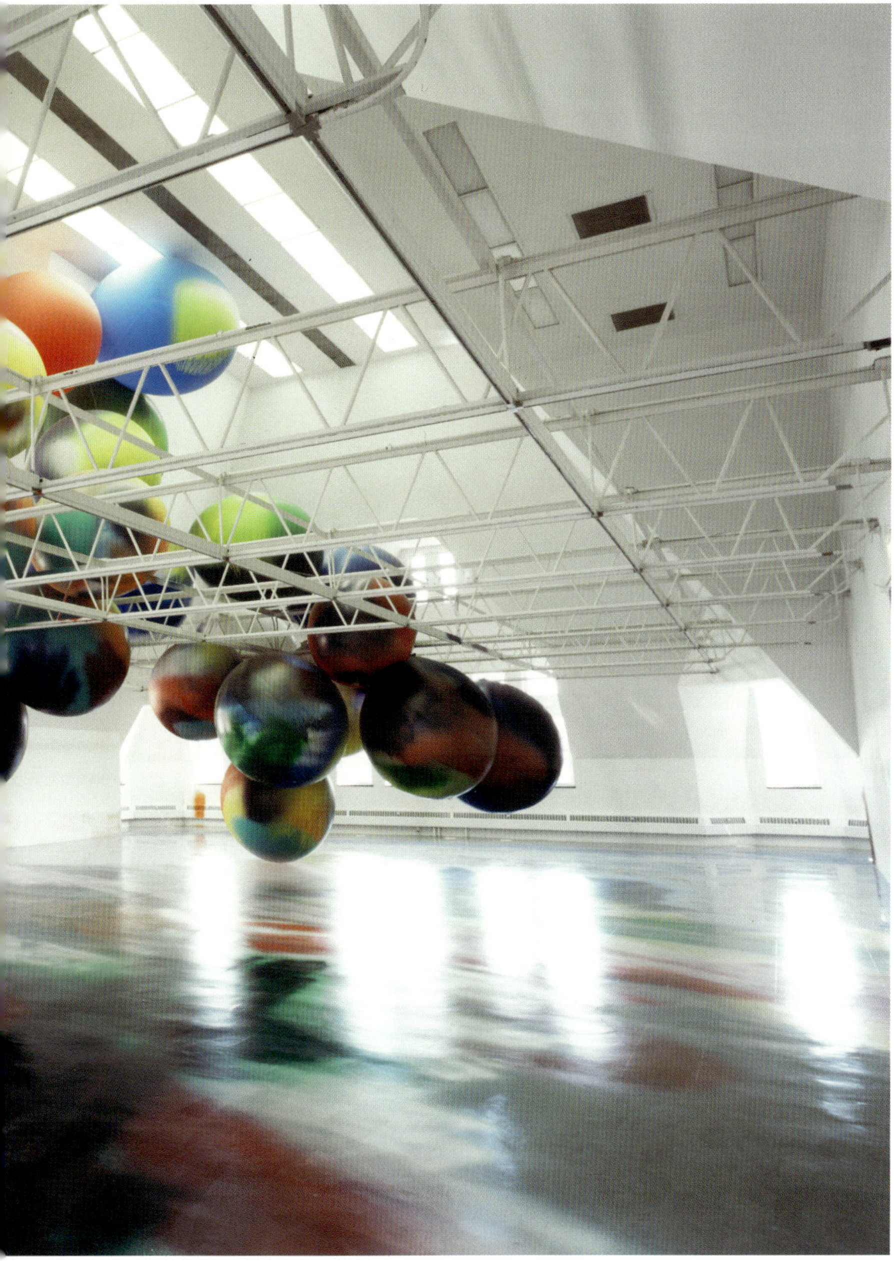

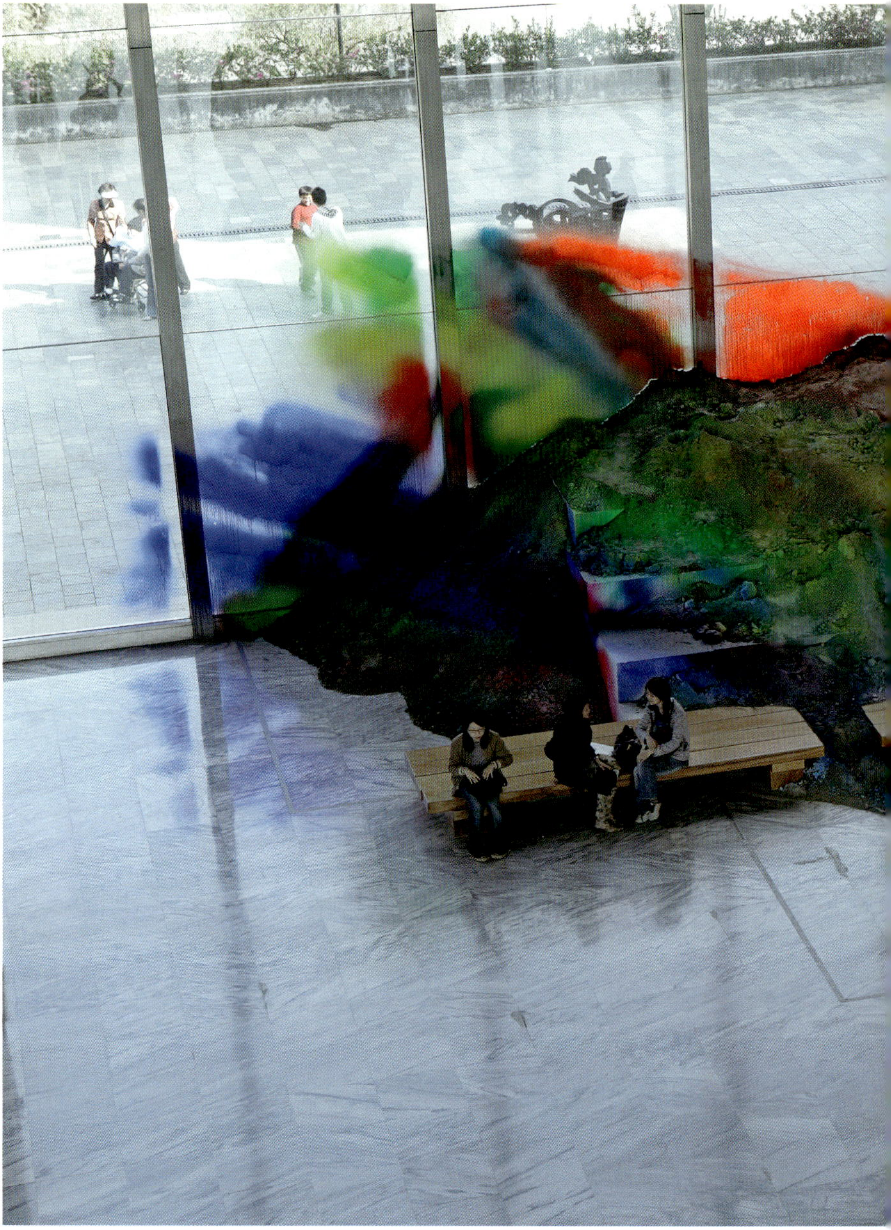

O.T. / *UNTITLED*, 2006
Acryl auf Boden, Glas, Styropor und Erde
Acrylic on floor, glass, styrofoam, and soil
460 x 1050 x 800 cm
Ausstellungsansicht / *Exhibition view*:
„Dirty Yoga", Taipei Biennal, Taipei Fine Arts Museum, 2006

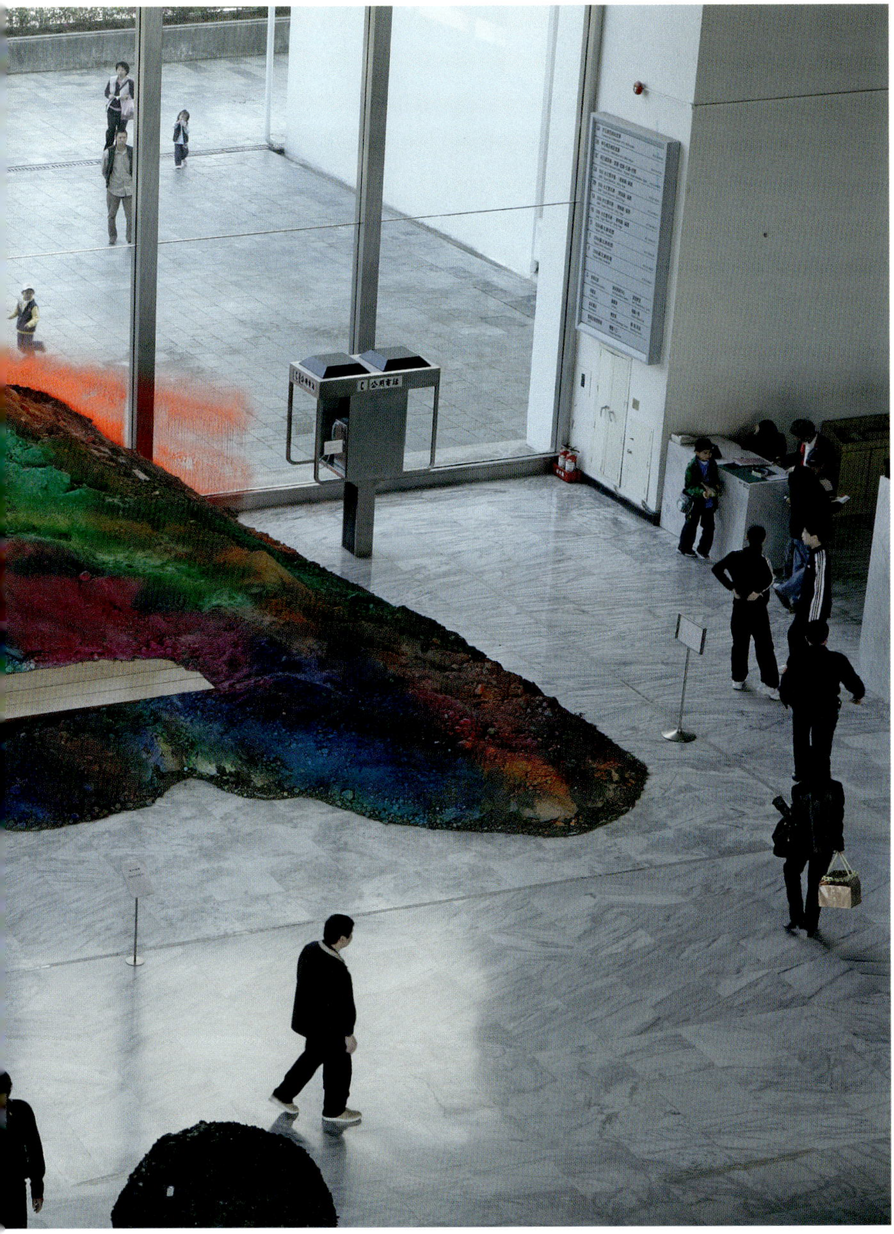

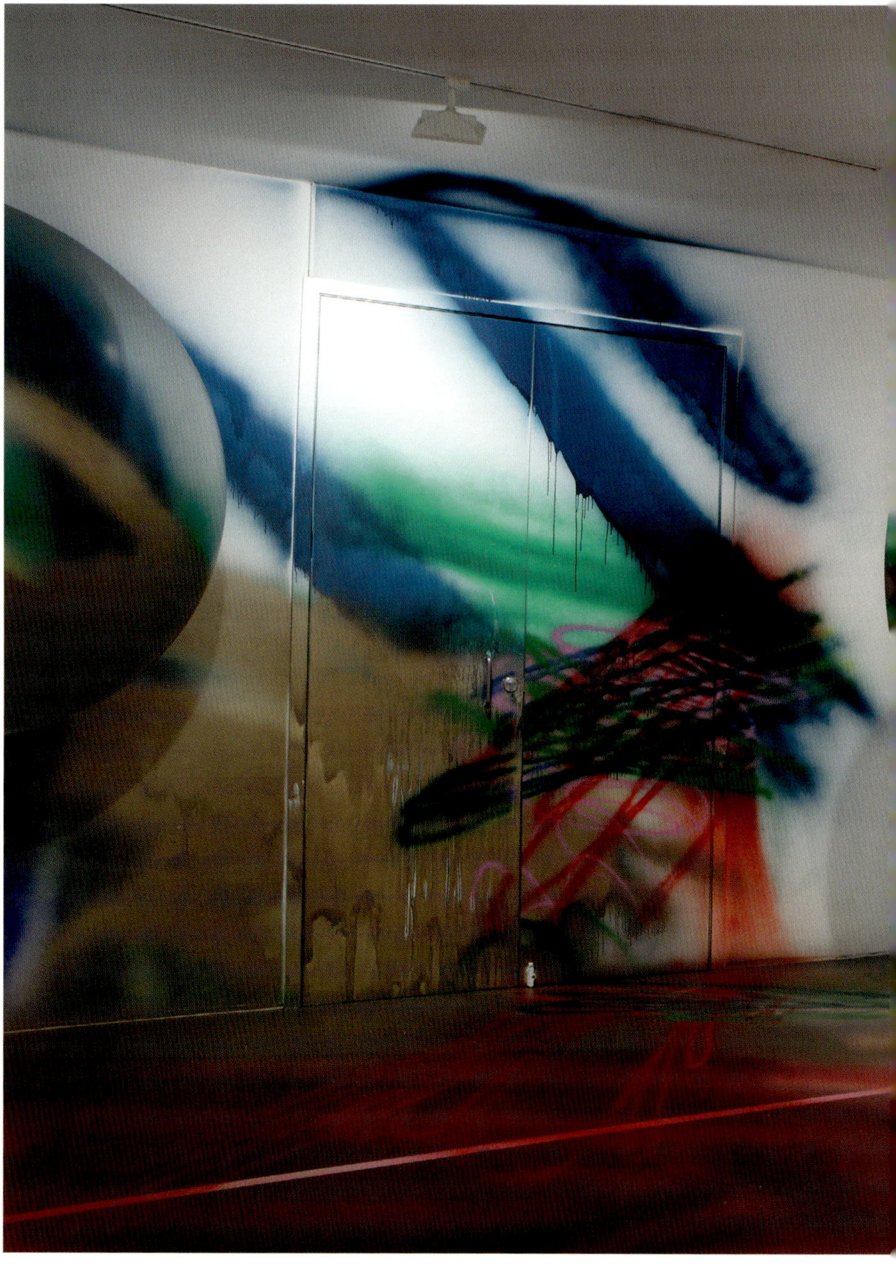

THIS IS NOT MY CAT, 2006
Acryl auf Wand, Boden, Leinwand, Latexballons, Polyurethan und Styropor
Acrylic on wall, floor, canvas, latex ballons, polyurethane, and styrofoam
364 x 1120 x 1220 cm
Ausstellungsansicht / *Exhibition view*:
Gow Langsford Gallery, Auckland, 2006

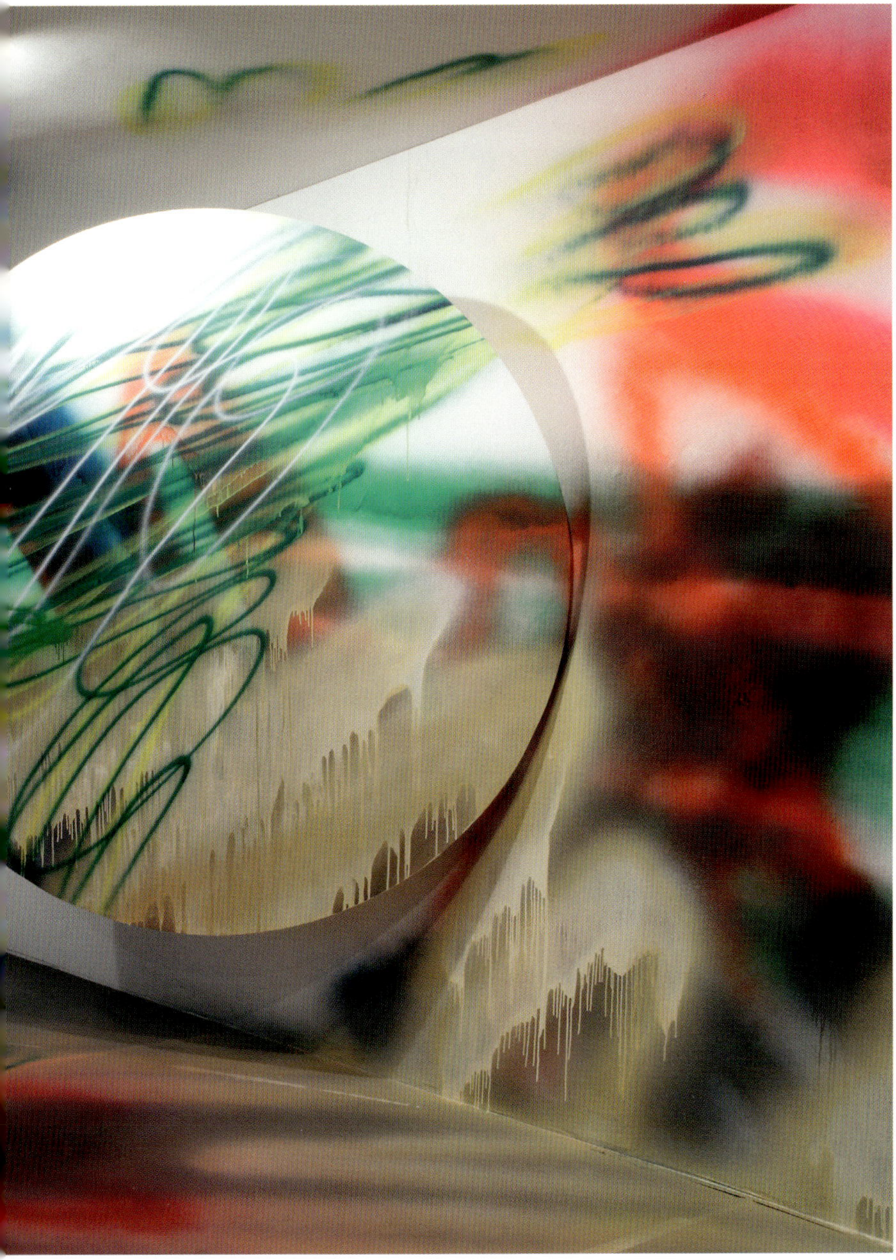

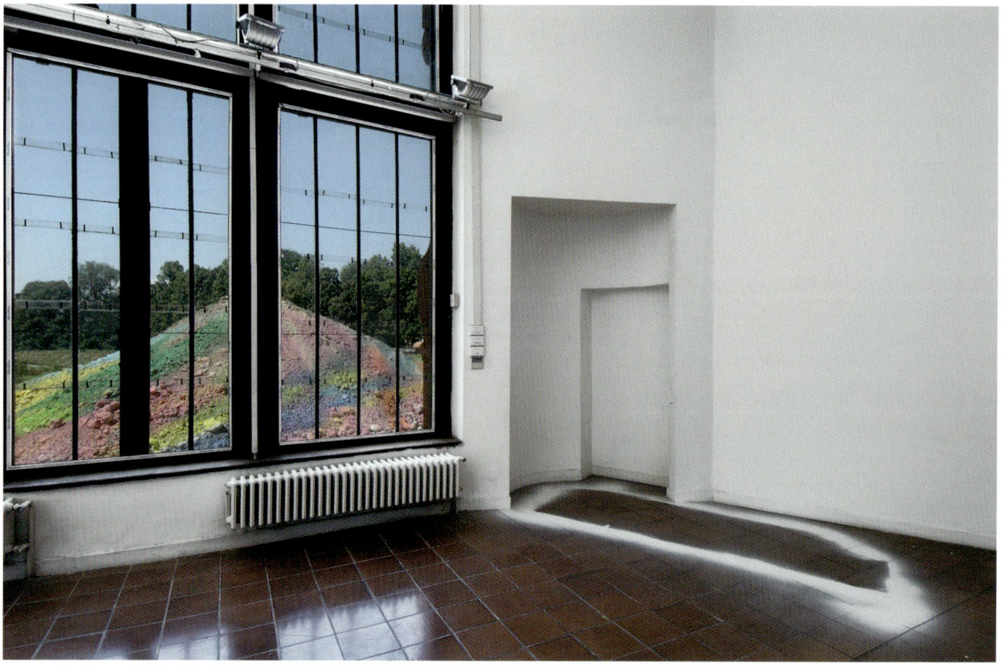

ANOTHER MAN WHO HAS DROPPED HIS PAINTBRUSH, 2008
Acryl auf Leinwand, Polyurethan, Harz, Erde, Wand, Boden und diversen Gegenständen
Acrylic on canvas, polyurethane, resin, soil, wall, floor, and diverse objects
800 x 1100 x 1100 cm
Ausstellungsansicht / *Exhibition view*:
„Another Man Who Has Dropped His Paintbrush", Galleria Civica di Modena, 2008

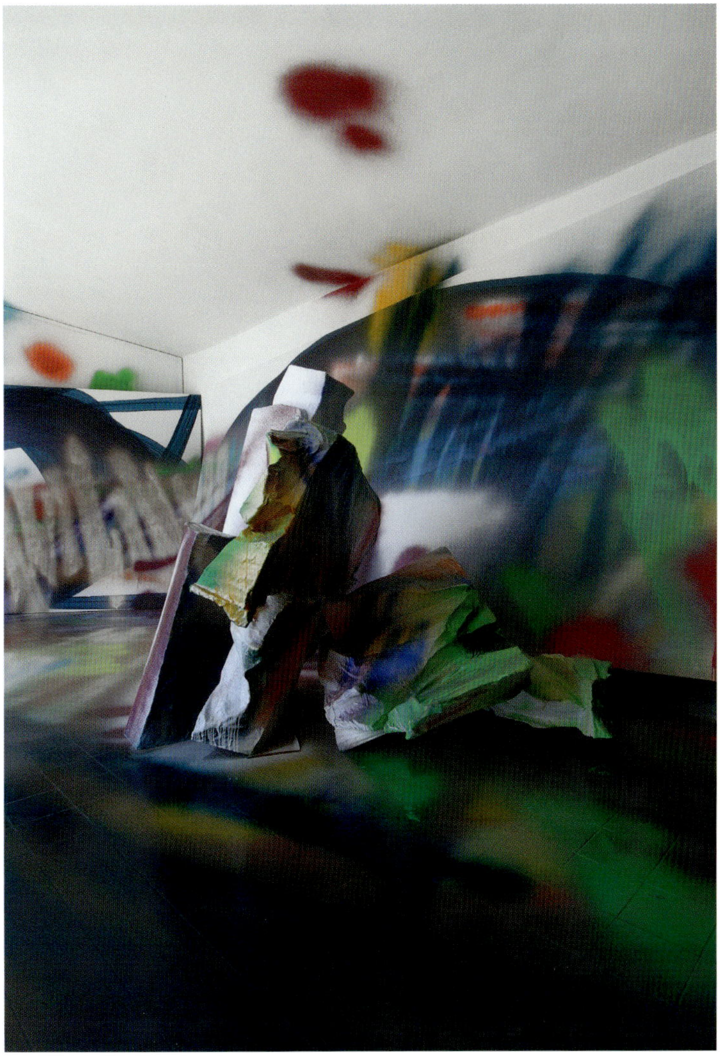

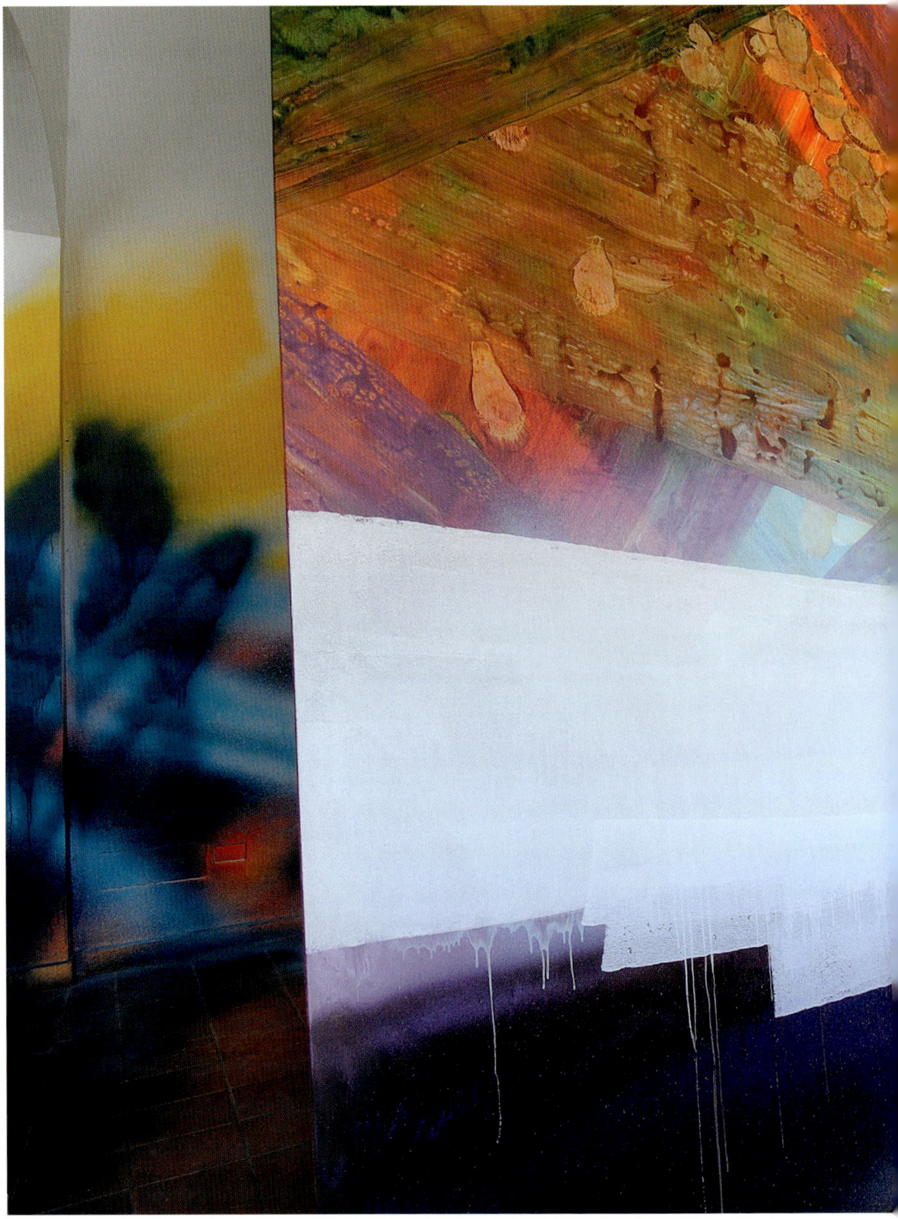

ANOTHER MAN WHO HAS DROPPED HIS PAINTBRUSH, 2008
Acryl auf Leinwand, Polyurethan, Harz, Erde, Wand, Boden und diversen Gegenständen
Acrylic on canvas, polyurethane, resin, soil, wall, floor, and diverse objects
800 x 1100 x 1100 cm
Ausstellungsansicht / *Exhibition view*:
„Another Man Who Has Dropped His Paintbrush", Galleria Civica di Modena, 2008

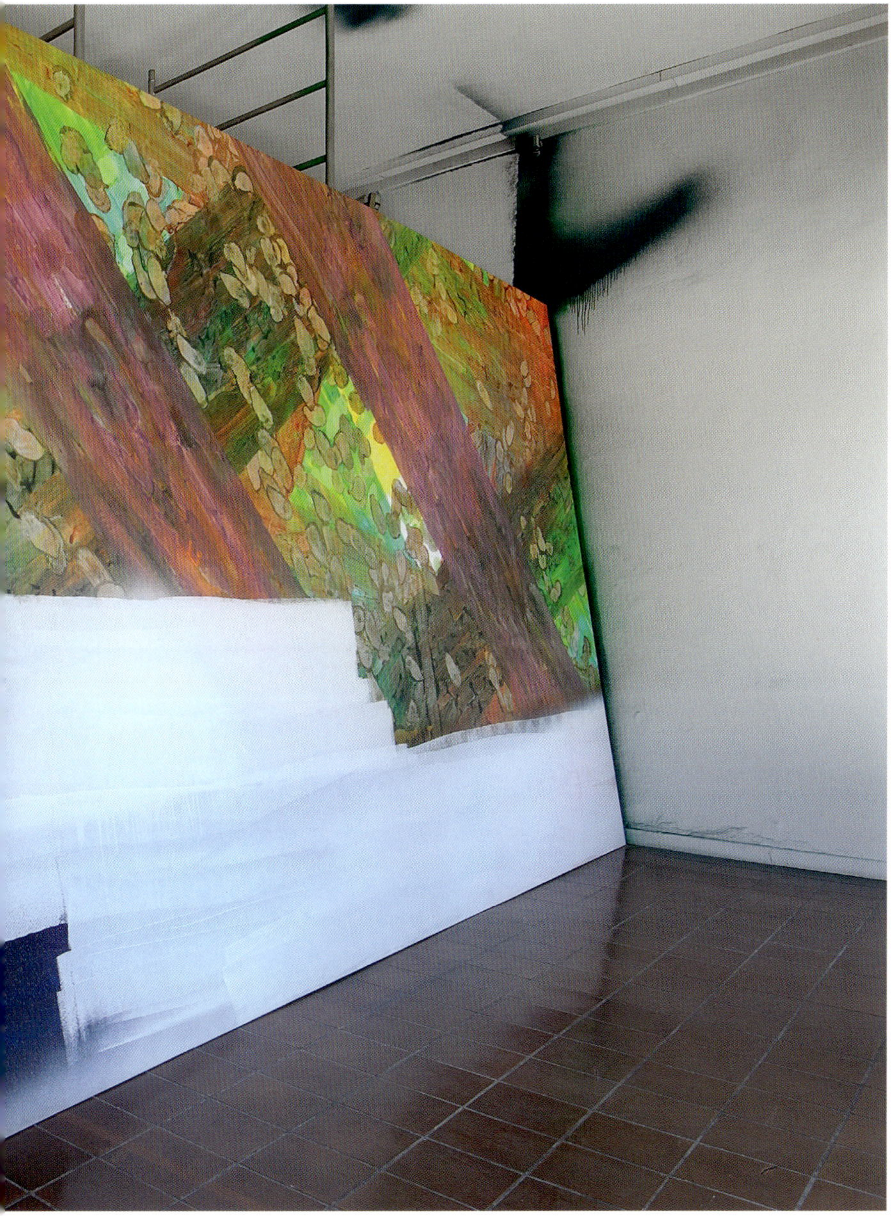

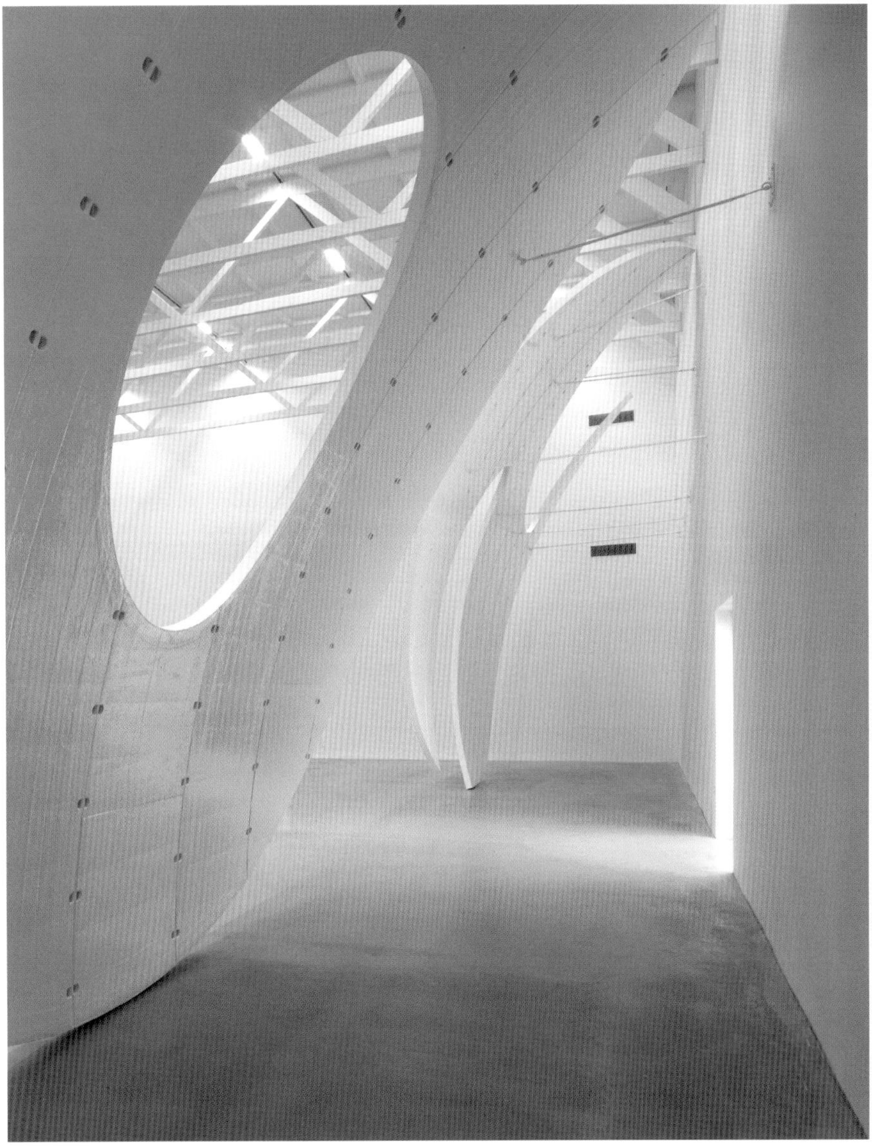

O.T. / *UNTITLED*, 2009
Vierteilige Installation / *Four-part installation*
Acryl auf laminiertem Hartschaum / *Acrylic on laminated rigid-foam*
Ausstellungsansicht / *Exhibition view*:
„shadowbox“, Temporäre Kunsthalle Berlin, 2009

BIOGRAFIE / *BIOGRAPHY*

KATHARINA GROSSE

* 1961 in Freiburg im Breisgau
lebt und arbeitet / *lives and works* in Berlin
seit / *since* 2000 Professur / *Professorship*, Kunsthochschule Berlin-Weißensee

AUSGEWÄHLTE EINZELAUSSTELLUNGEN
SELECTED SOLO EXHIBITIONS

2009
HELLO LITTLE BUTTERFLY I LOVE YOU WHAT'S YOUR NAME, ARKEN Museum of Modern Art
STUNTWEED, Neues Museum Nürnberg
SHADOWBOX, Temporäre Kunsthalle Berlin

2008
ANOTHER MAN WHO HAS DROPPED HIS PAINTBRUSH, Galleria Civica di Modena
SKROW NO REPAP, FRAC Auvergne, Clermont-Ferrand (Teil 2 / *Part 2*)

2007
THE FLOWERSHOW, FRAC Auvergne, Clermont-Ferrand (Teil 1 / *Part 1*)
PICTURE PARK, Queensland Art Gallery South Bank, Brisbane
ATOMS OUTSIDE EGGS, Museu de Arte Contemporânea (Fundação de Serralves), Porto

2006
CINCY, Contemporary Arts Center, Cincinnati, OH
HOLEY RESIDUE, de Appel, Amsterdam

2005
CONSTRUCTIONS À CRU, Palais de Tokyo, Paris

AUSGEWÄHLTE GRUPPENAUSSTELLUNGEN
SELECTED GROUP EXHIBITIONS

2009
BODEN UND WAND/WAND UND FENSTER/ZEIT: POLLY APFELBAUM, KATHARINA GROSSE, BRUNO JAKOB, ADRIAN SCHIESS, CHRISTINE STREULI, NIELE TORONI, DUANE ZALOUDEK, Helmhaus Zürich

2008
PROSPECT.1, New Orleans Biennial
SHAKE BEFORE USING, Artium de Álava, Vitoria-Gasteiz

2007
SISTEMI EMOTIVI, Centro di Cultura Contemporanea Strozzina, Palazzo Strozzi, Firenze
Franchise Foundation, Leeuwarden

2006
DIRTY YOGA, Taipei Biennial
BERLIN-TOKYO/TOKYO-BERLIN. Die Kunst zweier Städte, Neue Nationalgalerie, Berlin
TOKYO-BERLIN/BERLIN-TOKYO, Mori Art Museum, Tokyo

2005
EXTREME ABSTRACTION, Albright-Knox Art Gallery, Buffalo, NY

AUSGEWÄHLTE BIBLIOGRAFIE / *SELECTED BIBLIOGRAPHY*

MONOGRAFIEN / *MONOGRAPHIES*

THE FLOWERSHOW / SKROW NO REPAP (Text von / *text by* Jean-Charles Vergne), FRAC Auvergne, Clermont-Ferrand, Köln 2008.

ATOMS OUTSIDE EGGS (Texte von / *texts by* Leonhard Emmerling, Ulrich Loock), Museu de Arte Contemporânea (Fundação de Serralves), Porto 2007.

HOLEY RESIDUE (Text von / *text by* Janneke Wesseling), de Appel, Amsterdam 2006.

COOL PUPPEN (Texte von / *texts by* Marion Ackermann, Beate Ermacora, Jonathan Watkins, Ronald Wäspe), Ikon Gallery, Birmingham; Städtische Galerie im Lenbachhaus, München, Wolfratshausen 2002.

KATHARINA GROSSE. LOCATION, LOCATION, LOCATION (Texte von / *texts by* Arbeitsgemeinschaft Retrograde Strategien, Steffen Bodekker, Roman Kurzmeyer, Judy Millar, Angela Schneider, Beat Wismer), Düsseldorf 2002.

WEITERE PUBLIKATIONEN / *FURTHER PUBLICATIONS*

URGENT PAINTING (Texte von / *texts by* Laurence Bossé, Hans Ulrich Obrist), Musée d'Art Moderne de la Ville de Paris, 2002.

VITAMIN P. NEW PERSPECTIVES IN PAINTING (Einführung von / *introduction by* Barry Schwabsky), New York 2002.

ICONOGRAFIAS METROPOLITANAS. CIDADES, XXV. Bienal de São Paulo, 2002.

CASINO 2001. 1. QUADRIENNALE FÜR ZEITGENÖSSISCHE KUNST (Texte von / *texts by* Jeanne Greenberg Rohatyn, Jan Hoet), S.M.A.K, Gent 2001.

EX(o)DUS (Texte von / *texts by* Doreet LeVitte, Markus Mascher), Haifa Museum of Art, 2001.

DIE FARBE HAT MICH. POSITIONEN ZUR NICHT-GEGENSTÄNDLICHEN MALEREI (Text von / *text by* Georg Imdahl), hrsg. von / *ed.* Michael Fehr, Essen 2000.

ZEITWENDEN – AUSBLICK (Text von / *text by* Volker Adolphs), hrsg. von / *eds.* Dieter Ronte, Walter Smerling, Kunstmuseum Bonn; Museum moderner Kunst Stiftung Ludwig Wien, Köln 1999.

KATHARINA GROSSE & TEMPORÄRE KUNSTHALLE BERLIN
DANKEN / *WOULD LIKE TO THANK*

Yasmin Afschar, Georg Augustin, Quirin Bäumler, Dominik Bednarek, Bernd Beister, Laura Bieger, Alexander Blomberg, Katja Blomberg, Martin Malte Blumenthal, Richard Booten, Thomas Boström, Jens Brandes, Arno Brandlhuber, Nicole Carqueville, Matthew Chalk, Claudia Chaseling, Helga Weckop-Conrads & Walter Conrads, Pascal Decker, Uta Degner, Jürgen Dietrich, Antje Dietze, Michael Dropmann, Bruce Edgar, Ute Frank, Christian Gether, Anja Gerecke, Robert Gertig, Marius Glauer, Ulrike Groos, Barbara Gross, Hans Grosse, Tobias Großmann, Klaus Groth, René Gurka, Anke Hafner, Paul Hakes, Ursula Hannan, Ralf Harnack, Volker Hassemer, Manfred Herrmann, Julian Heynen, Marcus Hoffmann, Stefan Horsthemke, Rüdiger von Hülst, Jeroen Jacobs, Michael Kantelberg, Heidrun Kaufmann, Burkhard Kieker, Alexander Koch, Uwe König, Gerd G. Kopper, KOW Berlin, Adolf Krischanitz, Nathalie Landenberger, Marie Laurberg, Dietrich Löwe, Julia Lorenz, Dirk Luckow, Christian Maier, Karola Matschke, Gerald Matt, Richard Meng, Judy Millar, Mark Müller, Michael Müller, Sebastian Murr, Nikolaus Oberhuber, Jan Oelmann, Hester Oerlemans, Siegrid Otto, Alexandra Papadopoulou, Fred Pawlitzki, Kasper Pedersen, Deniz Pekerman, Dave Pester, Andreas Preiss, Rudolf Pütz, Annika Reich, Ralf Riege, Team Uwe Rommel, Dieter & Si Rosenkranz, Thomas Rühle, Doris Russi, Dietmar Schenk, Maik Schierloh, André Schmitz, Birgit Schröder, Gerrit Schümann, Andreas Schulz, Rosemarie Schwarzwälder, Ewold Seeba, Heji Shin, Gereon Sievernich, Frank-Walter Steinmeier, Volkmar Strauch, Team Sculpture Berlin, Nic Tenwiggenhorn, Rainer Thiele, Iris von Tiedemann, Christiane von Trotha, Winfried Vogler, Daniel Wall, Monika & Dirk Weber, Sven Weigel, Maurits Weijschede, Andreas Wenzel, Uwe Wirthwein, Jörg Woltmann, Klaus Wowereit, David Zepter, Jens Ziehe, Cornelia Zinken

ART MENTOR FOUNDATION LUCERNE
Berlin Partner GmbH
BTM Berlin Tourismus Marketing GmbH
Knab GmbH
Sculpture Berlin
Senatsverwaltung für Stadtentwicklung Berlin

Die Produktion von *shadowbox* ist in Kooperation mit dem ARKEN Museum of Modern Art und der Quadriennale 2010, Düsseldorf, entstanden und wird in Teilen 2009 in Kopenhagen und im Herbst 2010 im Rahmen der Ruhr-Quadriennale gezeigt.
The production of shadowbox *has been realized in collaboration with the ARKEN Museum of Modern Art and the Quadriennale 2010, Düsseldorf, which will be exhibiting parts of it in Copenhagen in 2009 and at the Ruhr Quadriennale in autumn 2010.*

FÖRDERUNG / *SUPPORT*

STIFTUNG ZUKUNFTBERLIN

K&L GATES

ART MENTOR FOUNDATION LUCERNE

PARTNER / *SPONSORS*

sanofi pasteur MSD impfstoffe fürs leben

Wall

vitra.

KPM KÖNIGLICHE PORZELLAN-MANUFAKTUR BERLIN

primeline druck·kreativ·verteilt

MEA brand building

hruby werbetechnik

TLG IMMOBILIEN STARK IM OSTEN

PinguinDruck GmbH

glow

FIEDRICH &co

VATTENFALL

GRISEBACH

ALUKÖNIGSTAHL

DORN BRACHT

Eternit

KEIM

FSB

MARAZZI

minimum.de

nawrocki alpin

PCI Für Bau-Profis

SCHÜCO

Villeroy & Boch 1748

WIRUS TÜREN

GROTH GRUPPE

ZUMTOBEL

PHILIPS

MEDIENPARTNER / *MEDIA PARTNER*

radioeins rbb 95,8

TEAM
TEMPORÄRE KUNSTHALLE BERLIN

TRÄGER / *ORGANIZER*
Cube Kunsthalle Berlin gGmbH
GESELLSCHAFTER / *PARTNERS*
Stiftung Zukunft Berlin, Constanze Kleiner, Coco Kühn
GESCHÄFTSFÜHRER / *MANAGING DIRECTORS*
Thomas Eller, Constanze Kleiner
AUFSICHTSRATSVORSITZENDER / *CHAIRMAN OF THE BOARD*
Pascal Decker
AUFSICHTSRAT / *BOARD OF DIRECTORS*
Manfred Herrmann, Ulrike Petzold, Gereon Sievernich, Iris von Tiedemann
KÜNSTLERISCHER BEIRAT / *ARTISTIC ADVISORY BOARD*
Katja Blomberg, Julian Heynen, Dirk Luckow, Gerald Matt
KÜNSTLERISCHE BERATER / *ARTISTIC ADVISORS*
Coco Kühn, Dieter Rosenkranz

KURATORISCHES MANAGEMENT / *CURATORIAL MANAGEMENT*
Angela Rosenberg
AUSSTELLUNGSLEITUNG / *HEAD OF EXHIBITIONS*
Agnes Wegner
PRESSE / *PRESS*
Bärbel Hartje
ÖFFENTLICHKEITSARBEIT / *PUBLIC RELATIONS*
Katharina Rennert
PROJEKTRAUM KOORDINATION / *PROJECT SPACE COORDINATION*
Gregor Hose
MARKETING / *MARKETING*
Sarah Höffer
GESTALTUNG / *GRAPHICS*
Franz Ossig
EDITIONEN / *EDITIONS*
Anna Schäffler
PRAKTIKANTEN / *INTERNS*
Stefan Fuhrmann, Rilana Kubassa, Annika Kuhlmann, Claudia Voit, Elena Matchewik , Hans von Bülow

ASSISTENZ DER GESCHÄFTSFÜHRUNG / *ASSISTANT TO THE MANAGING DIRECTORS*
Caroline Beddermann
STRATEGISCHE BERATUNG / *STRATEGIC ADVISOR*
Mikolaj Sekutowicz
SPONSORSHIP / *SPONSORSHIP*
Kathrin Schafroth
PROJEKTASSISTENZ / *PROJECT ASSISTANT*
Grischa Lichtenberger
BUCHHALTUNG / *ACCOUNTANCY*
Christiana Herrmann

HALLENMANAGEMENT / *FACILITY MANAGEMENT*
Jan Sauerwald
HAUSTECHNIK / *MAINTENANCE*
Franko Radix

DIESER KATALOG ERSCHEINT ANLÄSSLICH DER AUSSTELLUNG
THIS CATALOG IS PUBLISHED ON THE OCCASION OF THE EXHIBITION
KATHARINA GROSSE: SHADOWBOX
Temporäre Kunsthalle Berlin, 10.04.2009 – 14.06.2009

KURATORIN / *CURATOR*
Katja Blomberg
HERAUSGEBER / *EDITOR*
Cube Kunsthalle Berlin gGmbH
REDAKTION UND KOORDINATION / *MANAGING EDITOR*
Angela Rosenberg
KONZEPT / *CONCEPT*
Alexander Koch
LEKTORAT / *COPYEDITING*
Sarah Campbell, Katrin Sauerländer
ÜBERSETZUNGEN / *TRANSLATIONS*
Christopher Jenkin-Jones, Volker Ellerbeck (Blomberg)
GESTALTUNG / *DESIGN*
very, Frankfurt am Main
GESAMTHERSTELLUNG / *PRODUCTION*
Printmanagement Plitt, Oberhausen

FOTONACHWEIS / *PHOTO CREDITS*
Olaf Bergmann: 101, 102; Joaquín Cortés: 113; Torben Eskerod: 108/109; Tom Van Eynde: 114/115; Michael Fontana: 103; Paul Gilbert: 118/119; Heinrich Helfenstein: 112; Christoph Kern: 107; Courtesy Kunstmuseum Stuttgart: 101; Dave Morgan: 104/105; Johannes Schwartz: 111; Studio Grosse: 106; Taipei Fine Arts Museum: 116/117; Paolo Terzi: 120–123; Nic Tenwiggenhorn: 110; Jens Ziehe: 17–60, 124

ERSCHIENEN IM / *PUBLISHED BY*
Verlag der Buchhandlung Walther König, Köln
Ehrenstraße 4, D–50672 Köln
Tel. +49 (0)221 20 59 6 53 Fax +49 (0)221 20 59 6 60
www.buchhandlung-walther-koenig.de

Temporäre Kunsthalle Berlin
Schlossfreiheit 1, D–10178 Berlin
www.kunsthalle-berlin.com

Die Deutsche Nationalbibliothek verzeichnet diese Publikation in der Deutschen Nationalbibliografie; detaillierte bibliografische Daten sind über http://dnb.d-nb.de abrufbar.

Printed in Germany
ISBN 978-3-86560-611-2

VERTRIEB / *DISTRIBUTION*
Schweiz / *Switzerland*
Buch 2000, c/o AVA Verlagsauslieferungen AG
Centralweg 16, CH–8910 Affoltern a.A.
Tel. +41 (0)44 762 42 00 Fax +41 (0)44 762 42 10
a.koll@ava.ch

UK & Eire
Cornerhouse Publications
70 Oxford Street , GB–Manchester M1 5NH
Tel. +44 (0)161 200 15 03 Fax +44 (0)161 200 15 04
publications@cornerhouse.org

Außerhalb Europas / *Outside Europe*
D.A.P./Distributed Art Publishers, Inc.,
155 6th Avenue, 2nd Floor, USA–New York, NY 10013
Tel. +1 212 627 1999 Fax +1 212 627 9484
eleshowitz@dapinc.com